汽车配件市场营销

主　编　夏志华　郭　玲
副主编　孔春花　王丽霞　王兰兰

北京理工大学出版社
BEIJING INSTITUTE OF TECHNOLOGY PRESS

内 容 简 介

　　本书系统地阐述了汽车配件市场营销的内容,全书共6大学习任务,内容包括:汽车配件市场调查与预测、汽车配件的检索方法、汽车配件的订货采购、汽车配件仓储管理、汽车配件销售、汽车配件计算机管理等,并附有复习思考题。

　　本书可作为高等职业院校汽车营销、汽车检测与维修专业的教材使用,也可供从事汽车配件营销工作和汽车售后服务工作的人员学习参考。

图书在版编目(CIP)数据

汽车配件市场营销／夏志华,郭玲主编. —北京:北京理工大学出版社,2010.2(2019.1重印)
ISBN 978 - 7 - 5640 - 2984 - 5

Ⅰ. ①汽…　Ⅱ. ①夏…②郭…　Ⅲ. ①汽车 - 配件 - 市场营销学 - 高等学校:技术学校 - 教材　Ⅳ. ①F766

中国版本图书馆CIP数据核字(2010)第007291号

出版发行／北京理工大学出版社
社　　址／北京市海淀区中关村南大街5号
邮　　编／100081
电　　话／(010)68914775(办公室)　68944990(批销中心)　68911084(读者服务部)
网　　址／http://www.bitpress.com.cn
经　　销／全国各地新华书店
印　　刷／北京高岭印刷有限公司
开　　本／787毫米×1092毫米　1/16
印　　张／10.75
字　　数／242千字
版　　次／2019年1月第1版第12次印刷　　　　责任校对／陈玉梅
定　　价／29.00元　　　　　　　　　　　　　责任印制／边心超

面向"十二五"高职高专规划教材·汽车类
教材编写委员会成员名单
（按姓氏笔画排序）

特邀审稿顾问
（按姓氏笔画排序）

出版说明

汽车产业是国民经济重要的支柱产业，产业链长、关联度高、就业面广、消费拉动大，在国民经济和社会发展中发挥着重要作用。进入 21 世纪以来，我国汽车产业高速发展，形成了多品种、全系列的各类整车和零部件生产及配套体系，产业集中度不断提高，产品技术水平明显提升，已经成为世界汽车生产大国。中国汽车业在产业飞速发展的同时，人才缺口也日益增大。汽车人才的培养不仅仅是为了填补这个缺口，更是中国汽车业的良性发展的需要。

北京理工大学出版社为顺应国家对于培养汽车专业技术人才的要求，满足企业对毕业生的技能需要，以服务教学、面向岗位、面向就业为方向，特邀请一批国内知名专家、学者、国家示范性高职院校骨干教师和企业专家编写并审读《面向"十二五"高职高专规划教材·汽车类》系列教材，力求为广大读者搭建一个高质量的学习平台。

本系列教材面向汽车类相关专业。作者结合众多学校学生的学习情况，本着"实用、适用、先进"的编写原则和"通俗、精炼、可操作"的编写风格，以学生就业所需的专业知识和操作技能为着眼点，力求提高学生的实际操作能力，使学生更好地适应社会需求。

一、教材定位

+ 以内容为核心，注重形式的灵活性，使学生易于接受。
+ 以实用、适用、先进为原则，使教材符合汽车类课程体系设置。
+ 以就业为导向，培养学生的实际操作能力，达到学以致用的目的。
+ 以提高学生综合素质为基础，充分考虑对学生个人能力的提高。

二、丛书特色

+ 系统性强、定位明确。丛书中各教材之间联系密切，符合各个学校的课程体系设置，为学生构建了完整、牢固的知识体系。
+ 层次性强。各教材的编写严格按照由浅及深，循序渐进的原则，采用以具体实操项目为单元的项目式编写方法，重点、难点突出，以提高学生的学习效率。

- 先进性强。本套教材吸收最新的研究成果和企业的实际案例，使学生对当前专业发展方向有明确的了解。

- 操作性强。教材重点培养学生的实际操作能力，并最大限度地将理论运用于实践中。本系列教材所选案例均贴合工作实际，以满足广大企业对汽车类专业应用型人才实际操作能力的需求，增强学生在就业过程中的竞争力。

本套教材适用于汽车维修、检测、营销等专业的高等职业院校使用，也可供相关专业从业人员参考。

前 言

△ 汽车配件市场营销

近年来我国汽车工业高速发展，给汽车服务行业，尤其是汽车配件经营企业带来了巨大商机。各类高校的汽车技术服务类专业师生及从事汽车配件营销的技术和管理人员，都需要汽车配件管理与营销方面的实用性知识。作者编写这本《汽车配件市场营销》，目的是为汽车技术服务类专业师生提供一本较全面、系统了解汽车配件经营管理过程的教材。本书也可供汽车维修企业、汽车配件经营企业的营销人员和管理人员参考。

本书从实际应用的角度出发，详细介绍了汽车配件经营过程中的市场调查与预测、配件检索工具及方法、配件的订货采购、配件仓储管理、配件销售和计算机管理系统等内容，书中对丰田订货系统、大庆易拓等公司的汽车配件计算机管理系统软件进行了介绍，在此深表谢意。

本书由吉林交通职业技术学院夏志华、郭玲任主编，吉林交通职业技术学院孔春花、长春职业技术学院王丽霞、松原职业技术学院王兰兰任副主编。全书由夏志华统稿。

本书建议学时为 36～48 学时，各学校可按照自身专业设置的具体情况灵活分配。

在本书编写过程中，作者曾到长春市和众汽车配件经销公司、长春市金刚汽车销售有限公司进行调研、参观和实习，得到同仁们的大力帮助和热心指导，在此表示衷心感谢。

在编写的过程中，我们参阅了大量的文献、资料，在此，对这些文献资料的作者表示诚挚的感谢！

限于编者的水平，书中难免有错误和不足之处，敬请广大读者批评指正。

编　者

目 录

△ 汽车配件市场营销

学习任务 1
汽车配件市场调查与市场预测

 **学习目标**

通过本学习情境的探讨，要求学生具备以下能力：

1. 能够运用市场调查与市场预测的步骤和方法，进行市场调查；学会分析调查结果。
2. 掌握汽车市场调查与市场预测的具体内容。
3. 能够根据文案调查和实地调查规范完成调查作业。
4. 能够正确完成调查与预测报告。

任务描述

个体经营者王先生开车到长春市中心办理业务，发现总是塞车。他向周围观察，发现四周车辆很多，而且以私家车居多，市中心周围停了很多车辆，几乎没有一块空地。王先生想：正好有一笔闲钱，不如开个汽车配件商店。可是汽车配件种类繁多，该经营哪一类好呢？他是否能盈利呢？这就需要他做汽车配件的市场调查和预测。

单元 1　汽车配件市场调查的内容和方法

 **单元要点**

1. 汽车配件市场调查的内容。
2. 汽车配件市场调查的方法。

相关知识

市场调查就是运用科学的方法，有目的、有计划地去系统收集用户、市场活动的真实情况（即市场信息），并对这些信息进行整理、分析和存储。汽车配件销售企业的市场调查，就是对汽车配件的各种商品或某种商品的产供销及其影响因素、企业的销售量、用户结构及市场占有率进行调查研究。在汽车配件市场调查的策划及实施过程中，市场调查的内容和方法的确定是首要的环节。汽车配件市场调查的内容十分广泛，一般有汽车配件需求调查、市场经营条件调查和市场商品分析等内容。市场调查的方法也有很多，调查方法是否科学、恰当，对调查的结果影响很大。汽车配件市场的调查方法一般有观察法、询问法和实验法。

一、汽车配件市场调查的内容

市场调查的内容取决于经营决策的需要，汽车配件市场调查一般包括如下内容：

1. 汽车配件需求调查

汽车配件消费需求调查主要是为了了解配件消费需求量、需求结构和需求时间。

（1）需求量调查

对于汽车配件销售企业来说，市场需求量调查，不仅要了解企业所在地区的需求总量、已满足的需求量、潜在需求量，还必须了解本企业的销售量在本地区销售总量中所占的比重，即市场占有率。用公式表述如下：

市场占有率 = 本企业汽车配件销售额/该地区汽车配件销售总额 × 100%

市场占有率实际上就表示了企业在该地区的竞争能力，表示了开拓地区市场的可能性。

影响汽车配件需求量的基本因素如下：

① 国家政策和社会经济形势的变化。如国家汽车产业政策的变化、国家工资政策的变化、国家各种经济政策的变化（如外贸政策、进出口政策），以及经济发展稳定与否和经济体制改革的进程等。例如，北京的私车保有量大大高于上海，而北京的人均 GDP 和人均可支配收入都低于上海，这就是执行不同汽车消费政策的结果。上海对私车进行总量控制、适度放开，而北京则宽松得多。

② 消费观念的变化。消费者对商品的需求可概括为：生存、舒适、发展。目前我国消费者对汽车的需求心理主要表现为"拥有"，随着生活水平提高，汽车逐步进入家庭，人们对汽车舒适性的要求必然会增加，这就会相应地引起某些汽车配件需求量的变化（如中央门锁、真皮座椅、视听设备等）。

③ 人口数量及其年龄结构的变化。人口总量及构成是决定商品需求总量及其构成的自然基础，从年龄结构上分析，老年人、青年人对汽车的需求差别很大。在美国，统计数据表明，34～52 岁的人士与女性顾客是汽车维修业的重要客户。现在，青年人对汽车装饰追求个性化，因此，对汽车配件的需求也会随这些变化而变化。

④ 社会商品购买力及其投向的变化。社会商品购买力的增加必然会导致汽车新增需求和更新需求的增长，汽车配件的需求量也会随之增长。

⑤ 价格的变化。一般来说，假设其他因素不变时，汽车配件的需求量会随着价格变化向相反方向发展。

⑥ 消费者使用产品后的评价调查。对产品的性能、功效、包装、服务满意或不满意到什么程度？对企业、产品、品牌有好感吗？好感到什么程度？须指出的是，为更全面反映消费者对产品的使用评价意见，许多企业引入顾客满意度指数模型来进行调查测评，顾客满意度调查的一些变量要素如顾客期望、感知质量、感知价值、顾客抱怨、顾客忠诚、顾客满意度等正越来越多地出现在消费者使用产品后的评价调查问题之中。

（2）需求结构调查

需求结构调查主要是了解购买力投向，不仅要调查汽车配件需求总量，还要调查分车型、分品种的结构。例如，解放、东风、桑塔纳、富康、奥迪、捷达等车型配件需求量，以及各品种、规格的配件需求量，如各种规格的活塞、制动器、发动机等。另外，还必须了解引起需求量变化的原因，并调查用户结构情况。根据美国汽车维修市场的经验，制动系统、更换润滑油、点火系统、冷却系统、转向与悬挂系统、电气系统、燃料系统、排气系统、传动（离合器）系统、发动机翻修、空调系统 11 项是维修业最常提供的服务，零配件批发商出售的产品中，提供给专业维修技工的产品比例占 60% 以上。手动工具、充电器、气动工具、部件清洗装置、电路检测器、检测工具、工具储藏柜、液压升降机、真空检测器、燃料系统检测装置、泄漏检测装置、商用计算机、手动引擎检测装置等 13 项是汽车维修店最常用的和计划购买的工具设备。

（3）需求时间调查

许多种汽车配件的需求是有季节特点的，主要是了解用户需要购买配件的具体时间，如某季度、某月份等，以及需求时间要购进的品种、规格及数量。

2. 市场经营条件调查

了解企业外部的经营环境和内部经营能力称为市场经营条件调查，主要包括以下内容：

（1）本地区宏观经济发展概况

如工农业生产发展速度、固定资产投资规模、信贷规模、社会商品零售总额、各种等级的公路建设情况等。这些因素均与汽车配件的需求量有着间接相关关系。

（2）本地区汽车保有量增长情况（包括车型、数量）

汽车保有量的增长与汽车配件需求量的增长直接相关。

（3）配件商品资源情况

主要是生产厂（或其他供货方）所能提供的商品品种、质量、价格、数量、供货时间及商品竞争能力，特别要了解开发新产品的可能性等情况。

（4）配件销售渠道情况

也就是销路调查，如果销售渠道不理想，就会造成货流不畅。销售渠道是多种多样的，包括批发商、零售商和直接用户（一般是较大的用户）。对这些单位的实际需求量、资信情况，特别是货币支付能力要进行较详细的调查和评估，从而为决定与他们的合作关系提供依据。如对资金充裕、货币支付能力强的单位，可以多供货、供好货；对资信好，资金存在暂时困难的单位，也可采取滚动付款方式等。

（5）竞争对手情况

即正在同本企业进行竞争的汽车配件销售企业的情况，要了解其优势、劣势、竞争策略、销售情况、货源与销售方向、进销价格等，还要摸清可能出现的新竞争对手及其有关情况。

（6）本企业内部的经营管理水平、职工素质及物资设备、经营场所等情况

3. 市场商品分析

市场商品分析，主要是从销售量较大的易损与易耗件的使用价值和消费的角度，调查研究其销路情况及其发展变化趋势，为开拓新市场、防止库存积压提供可靠信息。商品分析的

内容有：经营商品销售实际状况分析、该商品潜在市场分析、商品生命周期分析、新产品投入市场的时间和销售趋势分析、市场商品需求变化动态及其发展趋势分析等。

二、市场调查的方法

市场调查的方式一般有全面调查、典型调查、直接调查和间接调查等几类。汽车配件市场常用的调查方法有：

1. 案头调查

案头调查是一种间接调查方法，主要用来搜集企业内部和外部经他人搜集、记录和整理所积累起来的现成的二手信息。这些信息以文献性信息为主，具体形式有印刷型信息、视听型信息、计算机信息库和计算机网络信息等。

（1）案头调查的特点

案头调查有许多好处，既能节省时间，又能节省费用，而且资料来源广，调查的材料保密性强，实施起来也比较容易。因此，案头调查往往被用作首选的市场调查方式，只有当搜集到的第二手资料不能满足需要时，才去实施实地调查。

但是，案头调查的局限性也是十分明显的，这些资料是前人为自身的目的去搜集整理和刊载发布的，因此对本企业的某个具体的调查项目来说，适应性不高，而且这些二手资料受到各方面的限制，与原始资料会有些差距，有的经人多次传抄引证，已经成为第三、第四手资料，精确度更欠缺，使用时需仔细核实；有的被人故意歪曲事实，其真实性、可靠性则令人怀疑。更为重要的一点是，二手资料都是以过去时态而存在的，在信息时代，知识的更新日新月异，市场的变化节奏加快，在时效性上它常常不能满足调查的需要。

（2）案头调查资料的来源

案头调查资料来源十分丰富，对于汽车配件市场调查，要获取二手资料，来源途径主要有汽车平面媒体、汽车网站、汽车行业协会报告和国家统计局公布的数据。归纳起来，可以分为企业内部来源和企业外部来源两个方面。

① 企业内部资料。企业内部的资料，主要是企业在营销活动中所做的各种形式的记录，包括与企业营销活动有关的各种书面的和存储在计算机内的各种业务资料、统计资料、财务资料以及平时所积累的各种各样的报告、总结、会议记录、用户来信、营销活动的照片与录像等等。其中业务资料主要有订货单、进货单、发货单、发票、退货单、修理单、合同书等，这些资料包含着产品需求情况、企业的生产和销售情况等方面的可靠的信息；统计资料主要包括企业生产、销售、库存等各种统计数据，以及其他各种统计分析资料，这些资料是了解企业营销活动数量特征及规律所不可缺少的；企业的财务资料，自然就是财务部门积累的财务、会计核算和分析生产成本、进货成本、销售成本、产品销售价格、经营利润等方面的资料。企业内部资料还包括企业市场部及企业信息系统在常规信息收集活动中所积累的行业资料、竞争者资料、市场调研报告等等。

② 企业外部资料。企业外部的信息来源很多，信息量更大，包括政府各主管部门、统计部门发布的各种资料和数据；各种经济信息中心、专业信息咨询机构公布的和提供的各方面的信息资料；各类新闻、出版部门发行的书报杂志以及电台、电视台公布的各种市场信

息、经济信息；有关竞争企业散发的产品目录、产品说明书、产品价目表、广告资料以及上市公司发布的中期和年度财务公告，国内外商品博览会、展销会、洽谈会、订货会上发布的消息；专业性、学术性机构每年召开的年会、学术研讨会上所发表的论文；各级图书馆收藏的大量与企业经营活动相关的二手资料；各个国际组织、外国使领馆、各国银行、经贸部门、各国商会的各种出版物、专门报告、商品目录等。

随着计算机网络的迅猛发展，计算机网络系统成为案头调查又一重要的外部信息来源，它的特点之一是信息的丰富性。国际互联网络系统能够提供经济信息、科技信息、金融信息以及各种各样的公共信息、企业信息、市场动态、供求信息、消费动向等等，内容极为广泛，其信息量和精确度超过其他任何媒体。网络系统信息的第二个特点是信息的共享性。只要加入网络系统，成为网络用户，就可以共享分散在网络中的电子报纸、企业信息库、电子邮箱、网络广告、信息交流园地和公共信息网中储存的全部的信息。网络系统信息的第三个特点是方便性。由于网络系统发布信息和传递信息是超越时空限制全天候进行的，因此可以随时随地、足不出户获得全球性的有关信息；并且信息传递的形式也是丰富多样的，可以是文字，也可以是声音、动画和影像。网络系统信息的第四个特点是信息的时效性。全球互联网络系统能提供全球各种最新信息，而且是不断更新的。例如美国商务部在互联网上建立的一个电子公告，提供 20 个专题，数万份的经济信息，其中 200 多份每日更新一次。此外，电子计算机网络所提供的第二手信息，还具有传送质量高、花费成本低等特点。

2. 实地调查

实地调查是一种直接调查方法，由调查人员直接同受访者接触去搜集未被加工的来自调查对象的原始信息。对于汽车配件市场调查，要获取一手资料，来源途径主要有：① 汽车生产商；② 汽车交易市场；③ 汽车专卖店；④ 汽车租赁市场；⑤ 二手车市场；⑥ 汽车行业协会；⑦ 车辆管理机构；⑧ 保险公司、税务机构；⑨ 洗车厂；⑩ 停车场；⑪ 汽车修配厂；⑫ 已购车用户；⑬ 欲购车用户。

实地调查具体又分为询问法、观察法和实验法。

（1）观察法

观察法是由调查人员到现场通过直接观察人们的行为进行实地记录，也可以用录音或摄像方式进行。这是一种单向调查方法。例如，某发动机专营商店的调查人员亲自观看用户选购发动机的情况，观察最吸引用户的是哪些事项，以便进一步提出改进产品设计的建议。此外，通过参加展销会、订货会，也可以观察并记录商品的实际销售情况。观察法为特定目的的调查而专门使用，不是直接向被调查者提出问题，而是从侧面客观地观察所发生的事实。所以它可以比较客观地收集资料，调查结果更接近事实。缺点是只能报告事实的发生，观察不到其内在的原因。调查耗费时间长、费用高。为了弥补观察法的不足，可在观察的同时，结合采用询问法进一步了解用户的购买动机等情况。

（2）询问法

询问法是一种双向调查法，可以用口头询问与书面询问调查。其中书面调查的成本低、调查面广，还可以用计算机等先进手段迅速处理，是常用方法之一。询问法主要分为：面谈调查法、电话调查法和邮寄调查法三种。

① 面谈调查法。指通过与被调查者面对面地直接交流，调研人员对有关问题提出询问，并当场记录被调查者提供的答案，以获取所需资料的一种调查方法。调研人员在面谈之前，应当熟悉所要调研的问题核心和重点，并应事先熟悉调查提纲。询问时既可按提纲顺序提问也可自由交谈，但一般应遵循设计者的安排。面谈调查法可采用个别面谈和小组面谈（召开调查会议）两种形式。

面谈调查的最大优点是灵活性强，它可以采用任何方式提问，在面谈时可根据被调查者的个性等特点采取不同的谈话技巧，可与被调查者进行较深入的讨论。另外，这种调查方法能直接听取被调查者的意见，可相互启发，富于灵活性，调查资料真实性较好。缺点是在调查地区广阔时，费用较大，时间较长。

② 电话调查法。指由调研人员根据调查问卷，通过电话向被调查者询问意见、收集资料的方法。电话调查的优点是调查速度快、调查成本低，并且适用于访问不易接触的被调查者。在调查时，可按拟定的统一询问表进行询问，以便于统计处理。缺点是交谈的时间不能太长，不能对有关问题做过多的解释，容易产生误解。

③ 邮寄调查法。指调研人员将设计好的调查问卷或表格，邮寄给被调查者，要求被调查者自行填妥寄回，借以收集所需资料的办法。采用此法时，一般附有回函的信封和邮票，并可采取赠送纪念品的办法。这种调查方式的优点是：调查面广，凡邮件可以达到的地方都可以用此法进行调查；成本低，只需花费少量邮寄费；被调查者无时间压力，有充分的时间来考虑所要回答的问题，并可与他人商量后再作回答。缺点是：回收率比较低，有的被调查者对所调查的问题不感兴趣、或被调查者无时间或无力回答；花费的调查时间较长，由于邮寄一去一回，加上被调查者对回答问题在时间上无紧迫感；有时回答问题的效率较差，由于回答者限在书面问题范围以内，不能作深入的探讨。

（3）实验法

实验法往往是在新产品投入市场或大批量生产之前，为获取有关产品销售前景的数据和资料，从可能存在的许多因素中选择一、二个因素（例如销售价格）在一定范围内进行试用，系统地记录用户的反应和购买量，然后进行预测分析。此法较科学，还可以有控制地分析、观察某些市场变量是否存在因果关系、影响程度如何等。

实验法通常有分割试验法和销售区域试验法两种方式。例如，两个图像、标题和内容相同的广告稿，但其布局的位置不同，将不同布局的广告刊登在同一报刊杂志上，可能会引起不同的效果，然后选择效果较好的广告布局。

实验法可以获取较正确的原始资料。缺点是可变动因素难以掌握，实验结果难以相互比较，成本也较高。

实际工作中选用什么样的调查方法，主要取决于调查问题的性质。例如对大型产品，往往直接向用户调查；而对量大面广的产品，可采用电话调查或发调查表的方式进行；对新产品的前景预测，可结合使用询问、观察和实验方法。

实训1 用因特网查阅汽车配件市场信息

一、实训项目

用因特网查阅汽车配件市场信息。

二、实训目的

通过实训，要求学生掌握运用因特网查阅汽车配件市场信息的方法。

三、实创指导

① 设备。应具有能连接因特网的计算机若干台。

② 步骤。通过各种浏览器访问因特网上的各大搜索引擎，例如谷歌（www. google. com）、百度（www. baidu. com）等，只要输入准备查询的信息，片刻之后，整个因特网上符合条件的信息或者与之相关的因特网站点就会被罗列出来。

③ 内容。如在雅虎商业及经济网页上可以查找汽车网配件市场信息。

四、实训组织

① 实训活动可由1~2人为一小组进行，可在学生实验室或学生家中完成。

② 每一小组应下载查阅的汽车配件市场信息。

③ 班级可举办一次小型的墙报展览，以展示这次实训活动成果，并可由教师与学生结合评出优秀展品。

五、实训考核

每位学生需分别填写实训报告。实训报告应包括：① 实训项目；② 实训目的；③ 实训本人承担任务及完成情况；④ 实训过程；⑤ 实训小结；⑥ 实训评语（由教师填写）。

单元2 汽车配件市场调查的程序

单元要点

1. 制定汽车配件市场调查的计划。
2. 确定调查问题并设计调查表格。
3. 综合分析与筛选调查信息。

 相关知识

一、制订市场调查计划

1. 确定调查目标

这是在任何一个市场调查计划中都应首先写明的。目标确定后，才能确定达到该目标所需的人、财、物，在有限的预算条件下，以最小的资金消耗达到最大的目标；否则，毫无目标，无的放矢就会徒劳无功。确定调查目标时，可参照如图 1 - 1 所示程序进行。

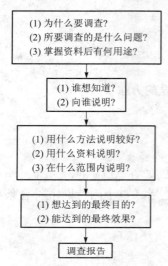

图 1 - 1　调查目标设置程序

2. 确定调查项目

为达到既定的调查目标，应选择确定调查项目，即围绕调查目标来确定所需要的信息和统计资料，根据所需信息和资料的内容来拟定调查项目，并通过对调查项目重要程度的分析和排序，分析其对企业市场营运决策的影响作用，以此决定资料的取舍。

制定调查项目时要注意确定各调查项目的意义以及分类，并考虑调查人员与被调查人员之间可能出现的问题，以减少图 1 - 1 调查目标设置程序中被调查者的麻烦，保证调查项目的可实施性。一般来说，调查项目主要应包括记录访问项目、统计分类资料项目、调查范围和调查对象项目、样本选择和容量的取舍项目等。

3. 决定调查方法

为实现调查目标，必须针对调查项目和调查预算选定调查方法。调查方法很多，目前在市场调查活动中被广泛应用的主要有访问法（又叫询问法）、观察法、实验调查法和案头调查法四大类。在选择好调查方法后，还应根据调查方法的要求确定调查地点、调查对象、资料种类、样本数量和抽样方法等，其中特别要注意资料种类和调查对象的选择确定问题。资料基本上分为观察资料、实验资料和访问资料。资料种类不同，所要选择的调查对象就不一样，选择和确定的调查方法也就不同。

4. 制订调查实施计划

调查实施计划是调查计划的实施方案，它由调查计划、预算计划、问卷拟定、预试计划、统计计划和调查实施管理计划构成。

预算计划由经费与实施日程计划两部分组成。调查费用因调查种类不同而不同，要准确预算具体数额往往不太可能，但是制定费用标准是可行的也是必要的。调查实施日程的长短直接影响到调查费用的高低。因此，必须拟定合理的进度表，作为调查进行的依据；统计分析计划包括选择统计方法、统计项目等内容；实施管理计划实际上是调查实施的准备、组织、监督计划，它包括调查机构的设置和人员的配备，所需的表格和文件准备，调查活动的协调、检查等内容。

5. 实施试验调查

根据实施计划进行一次小规模的试验调查，目的在于检验或改进实施计划，以确保调查计划的顺利进行。实施试验调查可以检查问卷格式是否合适，求证抽样是否适当，收集和取得有关调查费用的相关资料，监督检查调查组织的工作效率以及计划的适应性等。

6. 决定调查计划

正式调查计划只有在实施试验调查，弄清所需时间和经费后才能确定。实施试验计划实际上是对正式调查计划的一个求证补充过程，只有这样才能保证调查计划的实施并取得较好的效果。

二、确定调查问题并设计调查表格

市场调查表通常由三部分内容构成，即被调查者项目、调查项目和调查者项目。

被调查者项目主要包括被调查人的姓名、性别、年龄、文化程度、职业、家庭住址、联系电话和本人在家庭成员中的地位等。这些项目设置的目的主要是便于日后查询。有些项目对分析研究也很有用处，应根据调查目的，有针对性地选择被调查者的项目。

调查项目就是将所要调查了解的内容，具体化为一些问题和备选答案。通常，在所列项目中，要给出若干个答案供被调查者选择填写。

调查者项目主要包括调查人员的姓名、工作单位及调查日期等。这些项目主要是为了明确责任和方便查询而设。

1. 市场调查表格的类型

① 单一表格。指一张调查表只由一个被调查者填写或回答。由于只填写一个被调查者的情况，因此，可以容纳较多的调查项目。

② 一览表。指在一张调查表中包含若干个被调查者及其意见或基本情况（见表1-1）。在一览表中，由于容纳的被调查者较多，设置的调查项目就应当少些。它特别适用于集中性的调查，这种调查节省时间、人力和财力，调查易于实施，其资料便于统计汇总，但难以了解较具体、较详细的情况，所以企业很少用它。

表1-1　某地展销会展销情况调查表

××展销会展销情况调查表						
序号	参展单位	产品名称	规格型号	展销价格	已售件数（不包括订购件数）	已订购件数

调查员：　　　　　　　　　　　调查时间：

③ 问卷。指采用访问调查法时记录被调查者意见的问卷。若将单一表的线框删去，并将其文字化，便构成问卷。它比单一表能容纳更多的调查项目，且能搜集更系统、更详细的资料，所以经常被企业采用。此外，问卷从结构上可分为表头、表体和表脚三部分。其中，

表头包括客套语，对填表者的激励方式等；表脚部分包括填表说明和必要的注释等，如案例1-1所示。

案例 1-1

某市汽贸城汽车配件市场调查问卷

尊敬的先生/女士：

　　您好！

　　我是交通职业技术学院的学生，我正在进行有关汽车配件的市场调查，希望您能抽出一点宝贵的时间对以下问题做出选择，您的认真非常重要，非常感谢您的大力支持。

　　（1）您认为怎么做能进一步促进汽车配件的销售？

A. 广告　　　　　　　　B. 报纸　　　　　　　　C. 促销活动

　　（2）在您看来，什么价位的汽车配件更新频率快？

A. 低档汽车　　　　　　B. 中档汽车　　　　　　C. 高档汽车

　　（3）您对汽车配件网络化经营有何看法？

A. 支持　　　　　　　　B. 不支持

　　（4）本店顾客买原厂配件的多，还是配厂的多？

A. 原厂　　　　　　　　B. 配厂

　　（5）本店销售的高档车配件是进口的好卖还是国产的好卖？

A. 国产　　　　　　　　B. 进口

　　（6）您店里每年的销售高峰期在哪几个月？

A. 1~3　　　　　　　　B. 4~7　　　　　C. 8~10　　　　　D. 11~12

　　（7）您觉得哪部分汽车配件销售的好？

A. 轮胎部分　　　　B. 发动机部分　　　　C. 底盘部分　　　　D. 外形内饰部分

　　（8）本店主要经营哪个档次的汽车配件？

A. 低档　　　　　　　　B. 中档　　　　　　　　C. 高档

　　（9）本店在汽贸城全年销售对比中成绩如何？

A. 一般　　　　　　　　B. 好　　　　　　　　　C. 不好

　　（10）本店售出配件是否为顾客安装？

A. 是　　　　　　　　　B. 否

　　（11）本店售出的配件是否有售后服务？

A. 有　　　　　　　　　B. 没有

　　（12）在本店订货的顾客，外地和本地哪个更多？

A. 本地　　　　　　　　B. 外地

　　（13）您认为顾客选择在汽贸城购买配件的理由是：

A. 质量好　　　　　B. 知名度高　　　　　C. 价格合理

　　（14）本店每天接待的顾客人数大约有：

A. 5人以下　　　　　B. 5~20人　　　　　C. 20人以上

（15）顾客对本店的服务态度是否满意？

A. 满意　　　　　　　　B. 不满意

感谢您的合作，祝您工作顺利生意兴隆！

调查员：_____　　　调查时间：_____年____月____日

2. 调查项目的设计

调查项目设计的关键就在于怎样命题以及如何确定命题的答案。一般情况下，调查项目中主要有以下两类问题：

（1）开放式问题

开放式问题即自由回答式问题。其做法是调查表上没有拟定可选择的答案，所提出的问题由被调查者自由回答，不加任何限制。其优点在于可以使被调查者充分发表自己的意见，活跃调查气氛，尤其是可以收集到一些设计者事先估计不到的资料和建设性意见。其缺点是资料的整理分析困难，难免带有被调查者的主观意见。同时，由于答案是随意的，被调查者可能不好回答，即使回答，答者往往偏集于知识水平较高的阶层，形成阶层偏见。

（2）封闭式问题

其做法是对调查表中所提出的问题都设计了各种可能的答案，被调查者只要从中选定一个或几个答案即可。它主要有以下三种类型：

① 是非式问题，又称两项选择或对比式问题。这类问题只让被调查者在两个可能的答案中选答一个，适用于诸如"是"与"否"，"有"或"无"等互相排斥的两择一式问题。例如"本店售出配件，是否为顾客安装？"这类问题易问易答，便于统计调查结果，但被调查人回答时没有说明原因的机会，不能表达出意见的深度和广度，结果不够精确，且应用范围较窄，只适用于"两项选择"，没有中立答案。

② 多项选择式问题。其做法是对一个问题预先列出若干个答案，让被调查者从中选择一个或几个答案，例如"您觉得哪部分汽车配件销售的好？ A. 轮胎部分 B. 发动机部分 C. 底盘部分 D. 外形内饰部分"。这种方法可以避免强制选择的缺点，运用范围较广，且便于资料的分类整理，但被调查者意见可能不包括在拟定的答案中，选择的答案不一定能反映其真正的意见。因而，设计时，答案应尽可能地包括所有的情况，但被选答案一般不得超过10个。

③ 顺位式问题，又称序列式问题。其做法是，在多项选择法的基础上，要求被调查者对所询问问题的答案，按照自己认为的重要程度和喜欢程度顺位排列作答。

3. 设计市场调查表的注意事项

市场调查表不是随意设计的，要将其设计科学，就必须注意以下几个问题：

（1）所列项目应当是客观而又必要的

市场调查表中，所列的项目要有客观性，不要提出一些带有向被调查者揭示答案方向或暗示调查者观点的问题。因调查表的设计是为了取得满意的结果，故除了属于引导启发所要答复的问题之外，所列项目都应是调查目标所必需的。

（2）所提问题应当是准确的

所提问题的界限用词要准确，要避免使用含糊不清、可作多种理解以及过于专业化的语句。另外，一个项目只能包含一个层次的内容，否则会影响被调查者对问题的正确理解以及回答的准确性。

（3）设计方案应当是可行的

其可行性主要包括三方面：

① 对所有的问题，被调查者能够根据常识或经验选择答案，而不是依靠其记忆或计算作答。

② 设计要讲究艺术。可适当安排少数融洽调查气氛或引导作答的趣味性项目；对令人困窘且又有必要调查的问题，应设计出间接引问句。

③ 要注意设计问题的顺序性。所有项目应按其内容的逻辑联系顺势排列，问题宜设计成先易后难的顺序；在一张调查表中，融洽气氛或过滤性的问题应列在最前面，随后放较简单的或被调查者较关注的开放式问题，继而插入核心问题（必须收集的资料内容），最后才是较复杂的问题（包括令人困窘性的问题）。

三、市场调查的项目管理

1. 市场调查经费预算

在进行经费预算时，一般需要考虑如下几个方面：

① 总体方案策划费或设计费。

② 抽样方案设计费。

③ 调查问卷设计费。

④ 调查实施费（包括选拔、培训调查员，试调查，交通费，调查员劳务费，管理督导人员劳务费，复查费等等）。

⑤ 数据录入费（包括编码、录入、查错等）。

⑥ 数据统计分析费（包括上机、统计、制表、作图、购买必需品等）。

⑦ 调研报告撰写费。

⑧ 资料费、复印费、通信联络等办公费用。

⑨ 专家咨询费。

⑩ 鉴定费、新闻发布会及出版印刷费用等。

在进行预算时，既要将可能需要的费用尽可能考虑全面，以免因预算不足而影响调查的进度，又要对必要的费用认真核算做出一个合理的估计，切不可随意多报乱报，不合实际的预算将不利于调研方案的审批或竞争。因此既要全面细致，又要实事求是。

2. 市场调查项目的进度安排

要制定整个调研工作完成的期限以及各个阶段的进程，即必须有详细的进度计划安排。进度安排一般包括如下几个方面：

① 总体方案的论证、设计。

② 抽样方案的设计，调查实施的各种具体细节的制定。

③ 问卷的设计、测试、问卷的修改和最后的定稿。

④ 问卷的印刷，调查员的挑选和培训。

⑤ 调查实施。

⑥ 调查数据的计算机录入和统计分析。

⑦ 调研报告的撰写。

⑧ 鉴定、论证、新闻发布会。

四、调查结果处理阶段

调查结果处理阶段是市场调查活动的完成阶段，它包括对所收集资料信息的处理分析，撰写及说明调查报告，跟踪调查等相应工作内容。

1. 数据处理与分析

数据处理的工作首先是编码，即将问卷中的所有项目的回答赋以一定的数字，以便于使用计算机进行分析。其次是录入，按照前面编写好的录入程序进行数据录入工作。通常采用双录系统，即数据录入两遍，以保证数据录入的质量。最后是甄错，对问卷中存在的一些不符合逻辑或者错误的数据进行修正，以保证数据资料的完整性和一致性。

数据资料分析整理一般采用统计软件"SPSS for Win"进行，通常首先是进行频数统计，频数统计不仅是一种初步分析方法，还可起到数据清理的作用。其次是进行交叉统计，是将某一个变量与其他变量交叉分组，例如消费者对某种商品的评价按性别、年龄、职业、收入等特征分组列表，以观察所要调查的变量与其他变量之间的关系。然后可以进行一些较复杂的统计分析，例如，均值检验、方差分析、因子与聚类分析等。

需要指出的是，数据分析的方法是与调查的问题与目标、数据收集方法、抽样设计等有关的，因此不应等到数据收集完成后才开始考虑如何分析，而应在设计阶段即开始考虑。还需指出的是，随着我国市场调查活动的日趋成熟，在数据分析统计软件应用方面，已基本与国际水平接轨。

2. 撰写及说明调查报告

市场调查得到的结论要以调查报告的形式加以总结，并提供给企业，供其决策参考。调查报告是整个调查过程的最终成果，是调查者与企业沟通的重要渠道，也是进行决策和评价调查工作的主要依据。因此，市场调查报告的撰写者应该从项目的开始阶段就参与，最好能够参加市场调查的每一个环节，以增加感性认识。在撰写调查报告时，必须时刻考虑报告提交的对象，对调查结果进行的概括和表达，做到清楚、准确、简明、易懂。说明调查报告一般以专题报告说明会的方式由调查执行方向委托企业作陈述汇报，报告说明会基本运用多媒体手段演示，无论是直观性、互动性，还是说明程度、能力方面均达到很好效果。

市场调查报告的格式一般是由题目、目录、概要、正文、结论、建议和附件等几部分组成。

（1）题目

包括市场调查题目、报告日期、委托方、调查方，一般应打印在扉页上。题目一般可分为两大类：单标题和双标题。单标题的写法可以是公文式的，也可以是报道式的。公文式的标题通常由介词"关于"引出事由加上文种"调查"或"调查报告"构成，如《关于××汽配企业经营状况的调查》，报道式的标题通常由调查对象的名称、调查的项目和文种构成。双标题通常用主标题概括事由或揭示主题，用副标题对主标题作补充，副标题后面通常加上"调查"或"调查报告"文种名称。如《别给企业添乱——××厂经营状况的调查》。

（2）目录

如果调查报告的内容、页数较多，为了方便读者阅读，可以使用目录或索引形式列出报告所分的主要章节和附录，并注明标题、有关章节号码及页码，一般来说，目录的篇幅不宜超过一页。例如：

目　　录

（3）概要

调查报告的概要部分用来阐述调查的目的与基本情况。它按照市场调查课题的顺序将问题展开，并阐述对调查原始资料进行选择、评价、做出结论、提出建议的原则等。其主要有以下几个内容：

① 调查目的。即简要地说明调查的由来和委托调查的原因。

② 简要介绍调查对象和调查内容，包括调查时间、地点、对象、范围、调查要点及所要解答的问题。

③ 介绍调查研究的方法。对所用方法进行简短叙述，并说明选用方法的原因，目的是有助于使人确信调查结果的可靠性。例如，是用抽样调查法还是用典型调查法，是用实地调查法还是文案调查法，这些方法一般是在调查过程中使用的方法。

④ 正文。正文是市场调查分析报告的主要部分。正文部分一定要准确阐明全部有关轮廓，包括问题的提出、引出的结论、论证的全部过程、分析研究问题的方法。正文部分还应当有可供决策者进行独立思考的全部调查结果和必要的市场信息，以及对这些情况和内容的分析、评论。

⑤ 结论和建议。结论和建议是撰写综合分析报告的主要目的。这部分包括对概要和正文部分所提供的主要内容的总结，提出如何利用已证明为有效的措施和解决某一具体问题可供选择的方案与建议。结论和建议与正文部分的论述要紧密对应，不可以提出没有证据的结

论，也不要有没有结论性意见的论证。

⑥ 附件。附件是指调查报告正文包含不了或没有提及的，但与正文有关而必须附加说明的部分。它是对正文报告的补充或更详尽的说明。包括数据汇总表、原始资料背景材料和必要的工作技术报告，如为调查选定样本的有关细节资料及调查期间所使用的文件副本等。

（4）注意点

写调查报告时，应该注意以下几点：

① 忌表面化的调查。

② 忌堆砌数据，不作分析。调查报告中如果只有材料数据，而没有分析，那就无法说明问题、证明观点，这样的调查报告就没有意义、价值可言。

③ 忌脱离材料，空发议论。调查报告中的结论、观点，要依靠事实进行、证明，不能脱离材料，空发议论，材料要与观点一致。所举的事例、数据一定要典型，充分说明问题，否则同样依据不足，易犯主观性、片面性的错误。

3. 跟踪调查

提出市场调查报告并不意味着市场调查的终结，一般还需要作进一步的追踪调查。其内容一般有三个方面：

① 对调查报告中所提出的关键问题作进一步深入连续的调查；

② 对调查报告中所提出的调查结论和建议的采用率、转引率和对实际工作的使用价值的调查，同时检验调查结论和建议的正确程度与可行情况；

③ 了解调查报告中所提出的调查结论在实际执行中是否被曲解。

总之，追踪调查对评估该项调查的成果具有重要意义。

需要强调指出的是，以上分别介绍的步骤并非互相独立的，而是密切联系的，某一个步骤上的变化往往会影响到其他步骤的执行。因此，整个调查过程要求有通盘考虑，在制定调查方案时应对以后的步骤有所预见。

实训 2　进行某一配件营销市场的营销状况调查

一、实训项目

用文案调查或实地调查方法进行汽车配件市场调查。

二、实训目的

通过实训，要求学生掌握运用汽配市场调查的方法并正确完成调查报告。

三、实创指导

① 调查问卷设计。

② 步骤。通过各种不同的调查方法进行组织调查，进行数据处理并分析调查结果。

③ 内容。每组每人各设计出 10 个不同的调查问题，进行归纳，汇总出一份问卷，并打印。

四、实训组织

① 实训活动可由 7～10 人为一小组进行，可在人口较密的居民区或汽贸城。

② 每一小组应下载查阅的汽车配件市场信息。

③ 班级可举办一次小型的墙报展览，以展示这次实训活动成果，并可由教师与学生结合评出优秀展品。

五、实训考核

每位学生需分别填写实训报告。实训报告应包括：① 实训项目；② 实训目的；③ 实训本人承担任务及完成情况；④ 实训过程；⑤ 实训小结；⑥ 实训评语（由教师填写）。

单元 3 　 汽车配件市场预测

单元要点

1. 汽车配件市场预测内容和程序。

2. 能够运用相关的预测方法，进行市场预测，撰写预测报告。

相关知识

市场预测是预测学科的一个重要组成部分，在当前日益激烈的市场竞争中，是否搞好市场预测，直接关系到企业的经营效果和兴衰存亡。可以说，现代管理的重点在经营，经营的重点在决策，决策的基础在预测。

市场预测与市场调查既有联系、又有区别。市场预测必须建立在调查研究、搜集资料、掌握影响市场变化因素的基础上，没有调查研究也就无从预测，所以市场调查是市场预测的基础。

市场预测是在市场调查的基础上根据已知的各种市场经济活动的信息和资料，运用一定的方法和模型来推断未来一定时期内市场发展的方向和趋势。市场预测的要素有信息、方法、分析和判断。

一、汽车配件市场预测的原则和分类方法

1. 汽车配件市场预测的原则

在实际预测中，常常借助于以下三个基本原则指导预测分析：

（1）惯性原则

任何一个事物的发展都不可能与其过去的行为没有联系。即事物过去的行为不仅影响到

今天，还会影响到未来，也就是说，任何事物的发展趋势都有一定的延续性。这一特征，通常称为"惯性现象"。同样，这种惯性也反映到市场上。尽管市场上供求关系千变万化，但未来市场的变化与发展，总是离不开过去和现在市场状况这个基础，并与今天的市场状况有许多相通或相同之处，遵循这种原则，通过对目前市场的变化方向、速度及有关资料的分析，就可以对未来市场的基本发展趋势进行预测。

（2）类推原则

通过人们大量观察，发现许多事物的发展过程往往存在某些类似之处。"无独有偶"就是指这种现象。当我们发现某两个事物存在某些相似之处时，就可以根据其一推测另一事物的发展或变化趋势。例如，通过对发达国家汽车工业发展过程的分析，可以类推我国汽车工业发展可能达到的速度及可能遇到的问题。

（3）相关原则

任何事物的变化都不是孤立的，而是在与其他事物的相互联系、相互影响中发展的。这种相关性反映到市场上，则表现为市场需求量和需求构成的变化。某一部门的发展，就必须要求其他部门提供一定量的产品物资，而它的发展也必然向市场提供更多的商品。这种互为条件、互相制约的结果，往往出现一定量的比例结构关系。可见分析各部门、各产品之间的相互关系，是一条重要的预测思路。例如，汽车维修用的活塞销售量，就与汽车保有量有关。某公司根据对历年汽车保有量与火花塞销售量资料进行的分析，得出一辆汽车平均每年约需要 4 只火花塞，并据此对该地区火花塞销售量进行了预测分析，合理地组织了货源。

2. 汽车配件市场预测的分类方法

市场预测的种类按照不同的划分方法，可以分为许多种类。

（1）按预测的范围可划分为：宏观市场预测和微观市场预测

宏观市场预测涉及的范围大、牵涉面广，是从总体上对投放市场的商品需求情况进行预测。微观市场预测是对某一行业或企业、产品的生产经营发展变化趋势、市场潜在需求量及市场环境进行预测。微观预测是宏观预测的基础，宏观预测是微观预测的条件。

（2）按时间可划分为：长期预测、中期预测、短期预测和近期预测

长期预测是指企业对 5 年以上的市场变化及其趋势的预测，是企业制定长远规划的科学依据，属规划性或战略性预测。中期预测是指企业对 1～5 年内市场变化及其趋势的预测，是为实现长期计划和长期规划编制中期实施方案提供科学依据，属战术性预测。短期预测是指企业安排年度内市场营销计划的预测，主要为年度内安排市场、营销决策，解决年度内市场上出现的突出问题所采取的措施提供依据，属调整策略性预测。近期预测是指对季度、月、周甚至日的市场需求量及变化预测，主要为便于选择最佳的时间、地点、价格等展开营销，拓展市场。

（3）按产品层次可划分为：单项产品预测、同类产品预测、消费对象的产品预测和产品总量预测

这种划分是对一定产品的需求（销售）进行预测，这种预测是多方面的。单项产品预测是产品需求预测的基础，市场需求不仅是简单地对某种商品一定量的需要进行预测，而且是具体地对某种单项商品的牌号、规格、质量等方面的市场需求量分别进行预测。同类产品预测是按产品类别，即按同类产品的不同特征，如产地、原料、质量等分别进行预测其需求

量。消费对象的产品预测可分为两类：一是按某一层次消费对象进行预测；二是按不同层次消费对象所需求的某种产品的花色、式样、规格进行的预测需求量。产品总量预测是对消费者所需求的各种商品总量进行预测，这是有计划地组织市场供需平衡、调节供求关系的必不可少的重要内容。

（4）按预测的方法可划分为：定性预测和定量预测

定性预测是对未来市场营销活动的性质和变动方向的推测和预见，侧重对市场营销活动的性质的分析和评估，不在于精确估算数量。定量预测是对未来市场营销活动发展变化的规模、水平、速度、比例等数量方面的数据资料所做的推测和预计。定性与定量预测各有其适用范围，并有一定的局限性，应根据实际需要加以应用。在预测实践中，定量的结果常常需要给以定性的修正与判断，定性预测也要以定量预测为依据。

二、市场预测的内容

市场预测的内容丰富多彩，包括商品价格，产品生产供给、需求，消费者消费倾向，外贸政策、体制等诸多内容，凡是影响企业经营管理的因素都可作为市场预测的内容。对不同的市场预测主体来讲，其预测内容各有侧重。

1. 生产性企业的市场预测内容

① 预测企业经营地区范围内社会商品购买力发展趋势。一般情况下，企业只利用经济管理部门的有关购买力预测资料，而不直接进行预测。

② 预测企业生产经营商品的需求趋向。包括一定时期内市场商品需求量以及品种、规格、花色、型号、款式、质量、包装、需要时间等变动趋势的预测，是企业制定该产品生产、经营计划的依据。

③ 产品生命周期以及新产品投入市场成功率的预测。

④ 预测市场占有率。

2. 商业企业市场预测的内容

① 市场销售趋势。即预测消费者对商品的种类、品牌、数量、质量、规格的需求趋势。

② 货源预测。即预测该商品生产企业的生产发展及新品开发趋势，以及本企业购进商品和进货渠道的发展趋势。

③ 社会购买力发展趋势。主要预测本企业所在地区社会购买力总量和购买力投向的发展趋势。

三、市场预测的程序

市场预测基本流程如图 1 - 2 所示。

商业企业进行市场预测一般的程序是：

① 明确目的和要求。按照企业经营决策者的需要确定预测的内容和要解决的问题。

② 制订预测计划。如组织预测人员、编制预测经费预算、规定预测完成的日期等。

③ 收集有关预测的资料。围绕预测目标收集相关的资料和数据，以此作为预测分析的数据。

④ 选择预测方法。根据预测目标、时间界限以及所拥有的资料来选择适当的预测方法。

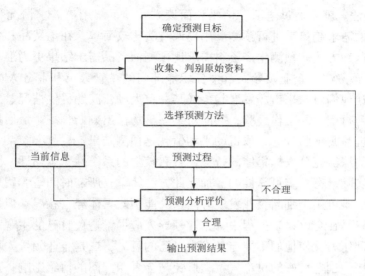

图 1-2　市场预测流程图

进行预测，写出预测报告。

⑤ 预测结果评价。由于预测结果往往会与实际情况存在一定的误差，因此需通过评价预测结果来分析误差产生的原因和误差的程度，并采用适当的方法对预测结果进行修正。

四、常用的预测法

市场预测的方法很多，主要分为两类：一类是以市场调查为基础的经验判断法，即定性预测法；另一类是以统计资料为基础的分析计算法，即定量预测法。

1. 定性预测法

预测当地汽车配件需求量的定性预测法，也可称调查分析法，就是依靠人的观察与分析，借助于经验和判断力进行的预测。不过定性预测的结果，侧重于定性结果。

（1）经验判断法

又称为经验估计法，是依靠熟悉业务、具有经验和综合分析判断能力的人员来进行预测。

① 经理人员评判法。由市场部门经理依据其工作经验和分析判断能力来进行预测，即负责企业预测的部门召集与营销有关的熟悉市场情况的经理们，以座谈会的形式集中起来，集思广益，互相启发来研究分析市场前景。由于这些部门经理一直工作在第一线，因此对市场情况及发展趋势比较了解。而且因为工作性质的原因，他们对竞争对手的状况，对影响商品购销的一些不可控因素有着清醒的认识和较深的研究。广泛收集他们的意见，就能够做出比较切合实际的估计。

② 推销人员估计法。由推销员根据自己掌握的市场资料和长期的工作经验，对产品及其销售趋势做出估计。推销人员由于直接接触用户，长期与消费者打交道，比较了解消费者心理和购买习惯，特别是对自己负责地区内的顾客很了解，也了解当地的经济发展和其他方面的情况，因此，企业把他们的意见集中起来，进行汇总分析，就能做出比较全面准确的销售预测。

③ 用户调查法。就是通过电话、信函和面谈方式，了解用户需求情况和意见，并在此基础上分析未来的需求趋势来进行预测。用户调查法比较简单，在消费品和生产资料的需求预测中都可采用这种方法。预测生产资料需求比预测消费品需求结果更为准确。

④ 综合意见预测法。企业领导人召集各职能部门的主管人员和业务人员以及有关专家进行会议讨论，让他们对未来市场发展趋势或某一重大经营问题提供情况、发表意见，并根据已收集的资料和每个人的工作经验，共同对某一事物做出判断预测。最后把大家的意见集中起来，进行整理、归纳、计算，取得的平均值就是预测结果。

综合意见预测法能充分发挥集体的智慧，且有较强的系统性、全面性，因而做出的预测结果是比较符合实际，有一定可靠性的。加上此方法简单，所需时间短、费用也少，有利于广泛运用。该方法既可用于判断企业发展方向，又能预测具体经营状况。但采用这一办法要注意几个问题：一是在会议讨论过程中，企业领导人应尽量避免自己的主观意愿给与会人员一种权威性的心理压力，使他们不能充分发表自己的意见；二是企业领导人要熟悉这种方法的运用条件和程序，创造良好的讨论气氛，避免与会者相互间的情绪影响；三是在收集整理意见过程中，要配合使用有关定量方法，使预测结果的精确度更高。

经验判断法简便易行，且具有可实践性，适合于任何企业和部门，特别是商业企业使用。但该方法主观随意性较大，预测结果容易发生误差。利用这种方法进行市场预测，要求预测者必须十分了解市场环境及变化发展规律，否则就会出现失误。在实际运用过程中如果能与相关因素分析结合起来使用，其效果是比较好的。

（2）专家征询法

又称为德尔菲法，是一种定量预测法。德尔菲法是在吸取个人判断预测和专家会议的优点并扬弃这两种方法缺点的基础上产生的。这种方法采用匿名反馈的形式，用表格和问卷的方法，经过几轮背靠背的对预测意见的研讨，并把这些预测结果进行统计汇总，得出最终的预测结果。运用专家征询法的关键是：

① 选择专家。要选择那些对预测对象有较深入的研究，有预测能力，愿意并有时间参加此项工作的专家。专家应来自各个有关方面，一般采用"三三"制，即本企业、本部门的专业人员人数占预测专家的 1/3 左右；与本企业、本部门有业务联系，关系密切的行业的专家，人数占 1/3 左右；最后是从社会中挑选的对预测对象有研究的专家、学者，人数占 1/3 左右。每次预测选择专家的人数根据情况来决定，一般以 10～50 人为宜。

汽车配件需求预测人员选择主要是选择在汽车配件销售领域内具有较高知识和技能的人，他们既精通业务，又有一定的分析判断问题的能力，对汽车配件市场形式的发展变化比较熟悉。

② 准备有关资料，设计、印制预测咨询表格或问卷。设计问卷有时需要使用表格，表格中包括预测的各种问题。简单的问题由专家采用画"√"或选择的方法表示预测意见，这样做可以节省时间，提高效率；复杂的问题可以采用问答的方式。问题不宜过多，一般在20 个以内为宜。一般分为以下四个轮次进行：

第一轮，由预测人员向专家们提出明确预测目标和有关的数据资料，由专家自行预测，并把初次预测意见反馈给预测工作人员。预测工作人员将反馈的意见进行整理、统计、归纳，排除次要事项，并汇总归类成表格后，作为第二轮调查表发给专家。

第二轮，专家们对第二轮调查表中所列的每个初步预测意见进行评价并说明其理由。预测人员对专家修改后的意见进行集中整理后，作为反馈资料再发给专家，进行下一轮预测。

第三轮，专家们根据第二轮统计资料，进行再一次评价，并充分陈述其理由。有时在这一轮里，只要求持不同意见的专家陈述理由。

第四轮，专家们根据第三轮的统计资料，再次进行评价，考证预测结果或重新作出预测。在此基础上得到的预测是专家们以联名方式做出的最终预测，这时他们的意见渐渐趋于一致。

一般来讲，汽车配件的需求预测经过四个轮回（有时二、三个轮回）就可以得出最终预测结果了。

对征询来的数据一般采用简单平均法、加权平均法、加权移动平均法、指数平滑法、回归分析法等数理统计方法来归纳预测结果，从而消除了主观因素的影响。

例如：为了对某地区汽车配件下季度需求量进行预测，要求每个专家按最高、最低、最可能做出三种预测值，各专家预测结果见表1-2，为节省篇幅，只设有10个专家参加预测。

表1-2　各专家预测结果　　　　　（单位：万元）

专家代号	最高值	最低值	最大可能值
1	800	400	600
2	900	500	700
3	1 000	400	700
4	700	400	600
5	900	450	700
6	800	400	700
7	800	500	650
8	900	400	700
9	800	300	700
10	800	400	700
平均值	840	415	675

综合表1-2预测结果，首先对各专家的每种预测值求其平均值。平均值的计算可以采用多种方法，表1-2仅用10个专家的预测值的算术平均。除此以外还可以舍去极端值再求算术平均，见表1-2对最高值的预测，10位专家中代号为3号、4号两位专家的预测值分别为1 000万元、700万元，系10位中预测的两个极端值舍去后，求所余8位专家的预测平均值，为837.5万元。

得到3个预测平均值之后，还应进一步采用下列公式综合出一个预测值。

$$综合预测值 = \frac{最高值 + 4 \times 最大可能值 + 最低值}{1 + 4 + 1}$$

那么，本例的综合预测值为

$$\frac{840+4\times675+415}{6}=659.2\text{（万元）}$$

此方法既简单易行，又有一定程度的可靠性。专家咨询法由于其真实性、系统性、科学性的特点，已成为一种应用较为广泛的预测方法。

2. 定量预测法

预测当地汽车配件需求量的定量法，也称图解计算法、统计法等，主要是根据过去的实际销售统计资料，运用数学方法，进行计算、画图，来预测今后市场的需求量。下面简要介绍几种较适合汽车配件需求量预测的数学计算方法，即单纯移动平均法、作图法和趋势平均法。

（1）单纯移动平均法

单纯移动平均法是将过去含有变动的一组统计资料或观察值相加，求其平均数，在时间上往后移动，将其平均数作为下月，或第二个月的预测数，这种方法主要用于短期预测。运用单纯移动平均法，求平均数，可用下列公式计算

$$\bar{X}=\frac{X_1+X_2+X_3+X_n}{n}$$

式中：$\bar{X}$ 是平均数值；X_1 是数据1；X_2 是数据2；X_3 是数据3；X_n 是数据n。

例如：某汽车配件公司，1—6月份的火花塞的销售额分别为27万元、32万元、29万元、34万元、30万元、28万元，预测其7月份或8月份火花塞的销售额。

$$\bar{X}=\frac{27+32+29+34+30+28}{6}=30\text{（万元）}$$

经过计算，该公司1—6月份火花塞销售额的平均数为30万元，这个数字就是7月份或8月份的销售预测数。以上数字见表1-3。也可以用图1-3来表示。

由图1-3可以看出，1—6月份的实际销售额有较大起伏，但并不呈现明显上升或下降的趋势，这是利用单纯移动平均法的重要依据。由于实际销售额围绕着一定的中心线上下波动，不呈现明显上升或下降的趋势，这样就存在某个平均需要量，单纯移动平均法计算出的平均值，正好反映了这个平均需求量。因此，在需求量有突出起伏的情况下（往往是产品处于成熟期时，会出现这种情况），运用单纯移动平均法较为有利。

表1-3 单纯移动平均预测资料表

月 份	销售实绩/万元	月 份	销售实绩/万元
1	27	5	30
2	32	6	28
3	29	1~6平均	30
4	34		

（2）作图法

这种方法主要是根据解析几何直线方程的原理，进行画图或计算来预测未来的销售额。

例如，某一汽车配件公司1—6月份的火花塞销售额为10万元、20万元、14万元、27万元、19万元、30万元，要求预测其7月份的销售额。

运用作图法，先画图求解，如图 1 – 4 所示。画图求解的具体作法是：首先，画一个直角坐标，横坐标表示时间，纵坐标表示销售额；其次，在横坐标上标出月份，在纵坐标上标出销售额的等分标记；第三，在图上横、纵坐标相对应的位置作点，表示各月份的销售额。如图 1 – 4 中的第一个圆点（最下面的一个圆点），表示 1 月份销售额为 10 万元，其他类推；第四在点中间作一条直线 A，并使直线两侧的点相等。从图中可以看出，直线 A 穿过第一个圆点和第六个圆点，直线 A 两侧各为两个圆点；第五，在横坐标上表示预测时间的地方，本例为 7 月份，向上作垂线，与

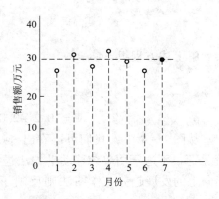

图 1 – 3　单纯移动平均预测示意图

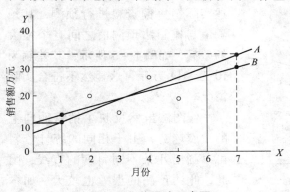

图 1 – 4　作图法示意图

作的直线 A 相交，相交的点在纵坐标上有一个相应的销售额，从图上可以看出，这个相交点，在纵坐标上表示的销售额是 34 万元，这就是 7 月份的预测销售额。

直线 A，还可以用直线方程式来进行计算，直线方程式公式为：

$$Y = b + aX \qquad (1 – 1)$$

式中：Y 是预测值（销售额）；b 是预测的起始点；a 是增长率；X 是时间间隔。

设 1 月为 X = 1，6 月为 X = 6，从图 1 – 4 中可以看出，当 X = 1，Y = 10 万元；X = 6，Y = 30 万元，代入公式（1 – 1）

则
$$\begin{cases} 10 = b + a \\ 30 = b + 6a \end{cases}$$

解上列方程组

因为　　　　　　　　　　$b = 10 - a$

代入　　　　　　　　　　$30 = b + 6a$

则　　　　　　$30 = 10 - a + 6a = 10 - 5a$

故　　　　　　　　　　　$5a = 20$

所以　　　　　　　　　　$a = 4$

代入　　　　　　　　　　$b = 10 - a$

所以　　　　　　　　　　$b = 6$

将 a、b 值代入下列方程　　　$Y = b + aX$

故　　　　　　$Y_7 = 6 + 4 \times 7 = 34$（万元）

Y_7 表示 7 月份的预测销售额，为 34 万元。

在图 1 – 4 中，还可以作直线 B，直线 B 两侧的点数也相等。B 直线所表示的 7 月份预测销售额为 30 万元，直线 B 也可以用 $Y = b + aX$ 等式来进行计算。

从图 1 – 4 中，我们已知

$$\begin{cases} 13 = b + a \\ 27 = b + 6a \end{cases}$$

解上述方程组

$$a = 2.8$$
$$b = 10.2$$

故　　　　　　$Y = 10.2 + 2.8 \times 7 = 10.2 + 19.6 = 30$（万元）

从图 1 – 4 中，我们可以看出，1—6 月份的火花塞销售额，呈现上升的趋势。在这种情况下，不适于用单纯移动平均法进行预测，因为单纯移动平均法预测的数值不反映销售额向上的发展趋势。作图法则反映了这种发展趋势（产品在成长期时，往往呈现这种趋势），并将发展趋势作了平滑化处理。如果用单纯移动平均法，将上述实际销售额资料进行预测，其预测值与作图法预测值之间有个很大的差额，如图 1 – 5 所示，其差额为 10 万 ~ 14 万元，这显然不符合实际情况。

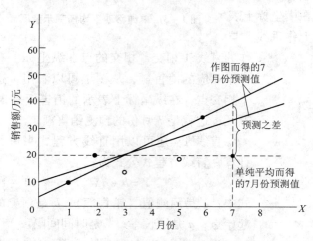

图 1 – 5　作图与单纯移动平均预测差异比较示意图

作图法虽然反映了销售额向上的发展趋势，由于相同的统计资料可以画出几条不同斜度的直线，因此，此法预测的误差也较大。如本例的直线 A，表示 7 月份的预测销售额为 34 万元，直线 B，表示 7 月份的预测销售额为 30 万元，其误差为 4 万元。因此，这种方法多在对预测值精度要求不高的情况下运用。

（3）趋势平均法

这是将资料呈现出的发展趋势，加以平均（或平滑化），运用简单的计算进行预测的一种方法。它与作图法的性质相同，都是将发展趋势平均化，但预测值比作图法要准确一些。

我们将作图法的例子，用趋势平均法来进行预测。具体作法如下：① 将其实际销售额的数字资料列成表格（见表 1 – 4 中的销售额一栏）。② 看数据的多少，按三期、四期或五期逐一顺序移动求出平均数。本例按三期平均。表中三期平均数一栏，是顺序移动的平均数，14.6 是 10、20、14 的平均数，20.3 是 20、14、27 的平均数，20.0 是 14、27、19 的平均数，25.3 是 27、19、30 的平均数。③ 求变动趋势。表 1 – 4 中变动趋势一栏，+ 5.7 是 20.3 减 14.6 的差，– 0.3 是 20 减 20.3 的差，+ 5.3 是 25.3 减 20 的差。④ 将变动趋势按三期、四期、五期求出趋势平均数，本例为三期。表 1 – 4 中三期趋势平均数一栏中的 3.56，是 + 5.7、– 0.3、+ 5.3 三个数的平均值，最后用式（1 – 2）进行计算。

$$Y = \overline{X} + t\overline{\overline{X}} \qquad\qquad (1 - 2)$$

式中，Y 是预测值；$\overline{X}$ 是最后一个移动平均数（本例为 25.3）；t 是最后一个移动平均数里离预测月份的期数（本例为二期）；$\overline{\overline{X}}$ 是最后一个趋势平均数（本例中的趋势平均数就只有一个，就是 3.56）。

按照上述公式及表 1 – 4 中的数字进行计算

则　　　　　　　　　$Y_7 = 25.3 + 2 \times 3.56 = 25.3 + 7.1 = 32$（万元）

表 1 – 4　趋势平均预测资料表　　　　　　　（单位：万元）

月　　份	销售额	三期平均值	变动趋势	三期趋势平均数
1	10			
2	20	14.6		
3	14	20.3	+5.7	
4	27	20.0	– 0.3	3.56
5	19	25.3	+5.3	
6	30	二期		
7	32	二期		

显然，用趋势平均法预测的 32 万元，将作图法中的直线 A 和直线 B 的预测值平滑化了，这个预测值要比作图法的预测值确定一些。

前面讲过，在求移动平均数和趋势平均数时，可以按三、四、五期来求平均数。到底如何分好，要看具体情况。一般来讲期短反映波动较灵敏，预测较粗糙；期长反映波动较平滑，预测较精确。同时，期数的长短还与资料的多少有关，资料多可按四期、五期平均数，资料少就只能按三期平均数，例如本例，只有 6 个月的资料，不可能按四期、五期平均数，否则趋势平均数就求不出来了，7 月份的预测值就难以求出。此方法多用于处在成长期的产品的需求预测。

利用上面介绍的方法，预测汽车配件销售额。以下举例说明：

已知某汽车配件公司 1999 年 1—12 月份的配件销售额见表 1 – 5 第二栏，预测 2000 年 1 月份销售额。

1 月份预测值 = $146 + 3 \times 1.70 = 151.1$（万元）

式中，146 万元为最后 5 个月的平均月销售额；3 表示 146 万元这个月平均销售额距离预测月为 3 个月；1.70 表示最后 4 个变动趋势的平均值。

表 1 – 5　趋势平均预测资料表

月　　份	销售额/ 万元	每五个月平均数/ 万元	每五个月平均数 变动趋势/万元	每四期变动 趋势平均数/万元
1	123			
2	124			
3	128	128.2		
4	125	132.4	+4.2	
5	141	137.6	+5.2	

续表

月　　份	销售额/万元	每五个月平均数/万元	每五个月平均数变动趋势	每四期变动趋势平均数
6	144	139.2	+1.6	+3.85
7	150	143.6	+4.4	+3.35
8	136	145.8	+2.2	+2.05
9	147	145.8	+0	+1.70
10	152	146	+0.2	
11	144	三期		
12	151	三期		
明年 1 月预测数	151.1			

3. 定性、定量预测方法的比较

定性、定量两种预测方法，各有优缺点。定性预测对用户的需求意向、市场的总体发展、趋势，掌握得比较具体、细致。虽然在进行定性分析的同时，也有用户对数量方面有未来的需求，但由于受到调查规模、地域的限制，往往出入较大。加之预测者的知识、经验，特别是判断能力的原因，预测的数值就不可避免地带有个人主观的意见，乐观者预测的数值常常偏高，悲观者提出的数值往往偏低。定量预测方法，依据历史资料，运用数学的方法进行计算，主要是采取"平滑化"的办法，从历史资料发展的趋势，预测未来的需要量。用定量预测方法获得的预测数值，能避免定性预测法的缺点，预测值比较客观，不带有预测者的主观意见；但是，同一历史资料，采用不同的定量预测方法，获得的预测值往往有较大的误差。各个企业虽然可以根据自己的实际情况，选择适合于本企业的定量预测方法，但是由于定量预测是用历史的趋势预测未来，过去市场需求的动态不能完全包括未来发生的异常变化，这就注定了定量预测方法有一定的风险性。

由于定性预测和定量预测方法各有长短，这就是说预测是否有用，不仅仅是依靠历史数据和数学公式，还需要有直观能力和远见卓识的判断，这才有可能尽量加强对未来事件作出肯定性的预见。因此，在我们进行预测时，最好是将两类方法结合起来，将两类方法得出的预测值进行比较、分析，这样做利大于弊。有人称此为定性问题定量化，定量结果定性分析。

4. 如何选择合适的预测方法

随着市场预测应用的日益广泛以及预测研究的发展，近年来发展了许多种不同的预测方法，每一种方法都有一定的范围和局限性。即使对同一预测问题，若选用不同的预测方法，不同的取材和不同的分析思路，得到的预测结论也不一样，预测精度也不相同。仔细了解各种预测方法的基本原理、假设条件和适用范围，根据预测的具体要求和实际条件，因时因地制宜，选择合适的预测方法，往往可以收到良好的效果。预测方法的选择取决于多种因素。预测目标及预测对象本身的特点，预测的范围，预测的时间界限，产品的生命周期，以及数据资料的丰富程度和预测精度的要求都是选择预测方法时必须考虑的问题。

（1）不同的预测目标适用的预测方法不同

例如产品需求预测、销售预测常运用趋势分析法或市场调查技术，即可满足一定的精度要求；而新产品开发预测一般多采用专家咨询法进行前景分析；对一些宏观部门或行业的某一产品预测，希望提供战略性的、带有指导意义的某一产品未来发展趋势的信息。由于某一工业产品的宏观发展必然与整个国民经济的发展和生产结构有一定的联系，例如汽车工业的发展，必然与国民经济发展走势以及钢铁、能源、交通等其他行业的发展有关。所以预测汽车工业的发展不能不考虑到工农业生产发展速度、固定资产投资等指标，也要考虑与其他行业的关系，因而宏观预测常采用多元回归分析等多目标预测技术进行系统的预测；而对一个局部地区或企业，更关心的是某种产品的市场需求的具体信息，人们往往希望能对某种产品的市场需求量给出定量的描述。对这一类微观预测目标，由于其范围较小，所以抗干扰的能力也较小，单凭定量分析是不行的，需要结合市场调查对本地区市场进行综合分析。

（2）产品本身的特点也是选择预测方法时需要考虑的一个重要因素

有些产品，例如汽车通用零配件、标准件，其特点是需求量大、需求面广，由于其各方面的许多正面影响与负面影响相互抵消，而总体需求却呈现出某种基本的发展趋势，因而其需求比较稳定。对这一类产品的预测，采用时间外推法不失为一种简易有效的方法。时间外推法主要利用历史资料，根据预测销售量与较近的实际数有关的原理，运用数学方法，将发展趋势外延、引申，从而达到预测未来的目的，如单纯移动平均法、趋势平均法等。对某些专用产品，例如一些通用性差的特殊用途的零配件，由于其服务面窄，供求关系比较明显，故可以用相关分析的方法进行预测。

（3）产品所处的生命周期不同，选择的预测方法不同

对处于不同生命周期的产品，应选择不同的预测方法。对处于投入期的新产品，因为其刚刚问世不久，人们对其还不太了解，积累的数据资料也少，在此情况下，很难采用定量计算的方法进行预测，这时通常采用市场调查法和类推法。市场调查主要是调查用户对新产品的反映。类推法是通过对历史上的同类产品发展过程的分析，或对其他地区同类产品发展趋势的类比分析，预测产品的需求前景。例如，可以通过对手扶拖拉机、小四轮拖拉机在农村发展趋势变化过程的分析，预测农用汽车的市场需求前景。此外还可以采用跟踪用户的直接调查方法，观察了解用户购买产品的目的，分析可能存在的潜在市场。而对那些进入成长期的产品，由于这类产品在经过一段时间的发展后，已经得到社会的承认，其生产组织、原材料供应、产品信誉和销售渠道等都相对稳定，处于这一阶段的产品，采用更加深入实际、全面的市场调查，以确定用户购买动机、购买力、销售路线等，并采用趋势平均法等销售量分析较为有效。而处于成熟期的产品，由于竞争对手增多，购买者的选择性很多，这时市场情况变得复杂，销售量出现明显起伏现象，这时的预测方法是：在预测短期销售量，可采用单纯移动平均法，也可用相关因素分析法、因果关系法。预测产品成熟期的长短，以决定合理的库存量，采取有效的推销措施。对处于衰退期的产品，可通过市场调查注意新一代产品的发展，降价处理老产品，将资金转为投向处于成长期的新产品。

（4）预测的时间界限也是选择预测方法时必须考虑的一个因素

短期销售预测，主要是月度预测，采用市场调查法、移动平均法和作图法较为适宜；近期市场需求预测，特别是一年之内的销售预测，一般采用市场调查法与指数平滑法；对一年

以上的中期预测则不能不考虑到某些影响因素的作用，常需要配合因果分析的方法；而对长期发展预测，不确定的因素更多，单纯定量预测方法是不适宜的，常常采用专家咨询的方法，对预测目标未来发展趋势进行定性分析。

此外，预测成本、现有的数据条件都是预测方法选择中必须考虑的问题。有的预测方法虽然精度高一些，但成本相当高，有的方法预测精度稍差一些，但却成本低廉。

在实际预测工作中，不能把上述因素分开考虑，而应该加以综合，权衡利弊，立足现有基础，做出恰当的选择。

五、市场预测报告格式

编制市场预测报告是预测程序中的最后一个环节，也是对整个预测工作的总结。简单的市场预测报告内容包括：预测标题、预测时间、参加人员、预测目标、正文内容、方法、结果、分析评价意见等。其结构由两部分组成：

1. 标题

标题一般由范围、时间、对象三部分组成。如《长江三角洲地区 1998—2000 年私家车需求量的预测》。

2. 正文

市场预测报告的正文由基本情况、预测分析、建议三部分组成。

① 基本情况部分。主要运用资料和数据，对市场营销活动历史和现状作简要的回顾和说明。

② 预测分析部分。重在分析研究。要在调查研究或科学实验中所取得真实、准确的资料和数据基础上，进行认真地分析研究和判断推理。

③ 建议部分。是市场预测报告的目的，必须依据预测分析的结果，为决策机关提出切合实际的、有价值的、值得参考的建议。

思 考 题

一、判断题

1. 汽车配件市场调查的内容有需求调查、本地区宏观经济发展概况和需求时间调查。
2. 实地调查的方法分为询问法、观察法和案头调查法。
3. 市场调查问卷从结构上可分为调查者项目、调查项目和表脚三部分。
4. 开放式问题是不加任何限制的是非式问题。
5. 常用的预测法有经验判断法和定量预测法。

二、简答题

1. 汽车配件市场调查的程序是什么？
2. 汽车配件市场预测的分类方法是什么？
3. 请设计 5 个有关汽配调查的封闭式问题和 1 个开放式问题。
4. 市场预测的内容有哪些？
5. 如何撰写及说明市场调查报告？

学习任务 2

汽车配件的检索方法

🚗 学习目标

通过本学习情境的探讨，要求学生具备以下能力：

1. 能够运用配件的检索方法，熟知汽车配件目录的内容。
2. 能够通过配件编号规则规范完成对配件目录的查阅。

🚗 任务描述

一顾客来到某市威驰汽配商店购买球头拉杆，营业员小李接待了他。小李仔细询问了顾客的需求，通过查阅配件目录，找到了球头拉杆，顺利地进行了交易。那么，小李是如何查阅配件目录的呢？

单元 1　汽车配件的编号规则和方法

单元要点

1. 汽车配件分类
2. 汽车配件目录的内容
3. 汽车配件的编号规则

🚗 相关知识

汽车配件的制造厂为了使汽车零部件能适应计算机管理，便于汽车零部件的流通和提高采购时的准确性，对所生产的汽车零部件实行代码分类，即每一个零件都用一组数码和字母表示，但不同的制造厂家表示的方法都不同，不能相互通用。

在汽车服务企业中，把新车出厂后使用过程中所需的汽车的零部件和耗材统称为汽车配件。它包括新车出厂以后的汽车维修和保养过程中用来更换的新备件或修复件，更换或添加汽车上需要的各种油和液，以及用于提高汽车使用的安全性、舒适性和美观性的产品。

汽车配件作为商品来说，既具有普通商品的一般属性，也有其一些独特的特点：

（1）品种繁多

只要是有一定规模的汽配商或汽修厂，其经营活动涉及的配件都很多，一般都上万种，甚至几十万种。

（2）代用性复杂

很多配件可以在一定范围内代用，不同配件的代用性是不一样的。例如，轮胎、灯泡的代用性就很强，但是集成电路芯片、传感器等配件的代用性就不强。掌握汽车配件的代用性，也是管好汽车配件的重要条件。

（3）识别体系复杂

一般汽车配件都有原厂图号（或称原厂编号），而且通常经营者还会为其配件进行自编号。

（4）价格变动快

由于整车的价格经常变动，所以汽车配件的价格变动就更加频繁。

一、汽车配件分类

汽车配件种类较为复杂，对汽车配件分类的方法有很多，有按标准化、实用性、用途和生产来源等分类的方法。

1. 按标准化分类

汽车零部件总共分为发动机零部件、底盘零部件、车身及饰品零部件、电器电子产品和通用件共5大类。根据汽车的术语和定义，零部件包括总成、分总成、子总成、单元体和零件。

① 总成。由数个零件、数个分总成或它们之间的任意组合而构成一定装配级别或某一功能形式的组合体，具有装配分解特性的部分就是总成。

② 分总成。由两个或多个零件与子总成一起采用装配工序组合而成，对总成有隶属装配级别关系的部分就是分总成。

③ 子总成。由两个或多个零件经装配工序或组合构成，对分总成有隶属装配级别关系的部分就是子总成。

④ 单元体。由零部件之间的任意组合构成的具有某一功能特征的功能组合体，通常能在不同环境独立工作的部分就是单元体。

⑤ 零件。不采用装配工序制成的单一成品、单个制件，或由两个以上连在一起具有规定功能、通常不能再分解的（如含油轴承、电容器等外购小总成）制件就是零件。

2. 按实用性分类

根据我国汽车备件市场供应的实用性原则，汽车零部件分为易耗件、标准件、车身覆盖件与保安件4类。

（1）易耗件

在对汽车进行二级维护、总成大修和整车大修时，易损坏且消耗量大的零部件称为易耗件。

① 发动机易耗件。

曲柄连杆机构：汽缸体、汽缸套、汽缸盖、汽缸体附件、汽缸盖附件、活塞、活塞环、活塞销、连杆、连杆轴承、连杆螺栓及螺母、曲轴轴承、飞轮总成和发动机悬挂组件等。

配气机构：气门、气门导管、气门弹簧、挺杆、推杆、摇臂、摇臂轴、凸轮轴轴承、正时齿轮和正时齿轮皮带等。

燃油供给系统：化油器总成及附件、汽油泵膜片、汽油软管、电动汽油泵、压力调节器、空气流量传感器、喷油器、三元催化装置、输油泵总成、喷油泵柱塞偶件、出油阀偶件和喷油器等。

冷却系：散热器、节温器、水泵和风扇等。

润滑系：机油滤清器滤芯和机油软管等。

点火系：点火线圈、分电器总成及附件、蓄电池、火花塞和电热塞等。

② 底盘易耗件。

传动系：离合器摩擦片、从动盘总成、分离杠杆、分离叉、踏板拉杆、分离轴承、回位弹簧、变速器的各挡变速齿轮、凸缘叉、滑动叉、万向节叉及花键轴、传动轴及轴承、从动锥齿轮、行星齿轮、十字轴及差速器壳、半轴和半轴套管等。

行驶系：主销、主销衬套、主销轴承、调整垫片、轮辋、轮毂、轮胎、内胎、钢板单簧片、独立悬挂的螺旋弹簧、钢板弹簧销和衬套、钢板弹簧垫板、U 形螺栓和减振器等。

转向系：转向蜗杆、转向摇臂轴、转向螺母及钢球、钢球导流管、转向器总成、转向盘、纵拉杆与横拉杆等。

制动系：制动器及制动蹄、盘式制动器摩擦块、液压主缸、制动分缸、制动气室总储气筒、单向阀、安全阀、制动软管、空气压缩机松压阀和制动操纵机构等。

③ 电器设备及仪表的易耗件。高压线、低压线、车灯总成、安全报警及低压电路熔断电器和熔断丝盒、点火开关、车灯开关、转向灯开关、变光开关、脚踏板制动开关、车速表、电流表、燃油存量表、冷却水温表、空气压力表和机油压力表。

④ 密封件。各种油封、水封、密封圈和密封条等。

（2）标准件

按国家标准设计与制造的，并具有通用互换性的零部件称为标准件。汽车上属于标准件的有汽缸盖紧固螺栓及螺母、连杆螺栓及螺母、发动机悬挂装置中的螺栓及螺母、主销锁销及螺母、轮胎螺栓及螺母等。

（3）车身覆盖件

为使乘员及部分重要总成不受外界环境的干扰，并具有一定的空气动力学特性的、构成汽车表面的板件，如发动机罩、翼子板、散热器罩、车顶板、门板、行李厢盖等均属于车身覆盖件。

（4）保安件

汽车上不易损坏的零部件称为保安件，如曲轴启动爪、正时齿轮、扭转减振器、凸轮轴、汽油箱、汽油滤清器总成、调速器、机油滤清器总成、离合器压盘及盖总成、变速器壳体及上盖、操纵杆、转向节、转向摇臂和转向节臂等。

3. 按用途分类

汽车备件按照用途可以分为：必装件、选装件、装饰件和消耗件 4 类。

① 必装件。就是汽车正常行驶所必需的备件，如转向盘、发动机等。

② 选装件。就是非汽车正常行驶必须的备件，但是可以由车主选择安装以提高汽车性能或功能的备件，如 CD 音响、氙气大灯等。

③ 装饰件。又称精品件，是为了汽车的舒适和美观加配的备件，一般对汽车本身的行驶性能和功能影响不大，如香水、抱枕等。

④ 消耗件。是汽车使用过程中容易发生损耗、老旧，需要经常更换的备件，如润滑油、前风窗玻璃清洁剂、冷却液、制动液和刮水器等。

4. 按生产来源分类

汽车备件按照生产来源可以分为原厂件、副厂件与自制件 3 类。

① 原厂件。是指与整车制造厂家配套的装备件，如纯牌零件是指通过汽车制造厂严格质量检验的零件。它们的性能和质量完全能够满足车辆要求。

② 副厂件。指的是由专业备件厂家生产的，虽然不与整车制造厂配套安装在新车上，但是按照制造厂标准生产的，达到制造厂技术指标要求的备件。

③ 自制件。指的是备件厂家依据自己对汽车备件标准的理解，自行生产的，外观和使用效果与合格备件相似，但是其技术指标由备件制造厂自行保证，与整车制造厂无关的备件。自制件是否合格，主要取决于备件厂家的生产技术水平和质量保障措施。

需要说明的是，不论副厂件，还是自制件都是必须达到指定标准水平的。这里说的原厂件、副厂件和自制件，都是合格的备件。那些不符合质量标准的所谓"副厂"备件，不属于上述范畴。

另外，汽车备件还可按照材质分为金属备件、电子备件、塑料备件、橡胶备件和组合备件等；按照供销关系可以分为滞销备件、畅销备件和脱销备件等。

除了上述分类方法外，每一个国际大型整车制造厂，一般都有自己的配件分类方法，不同的汽车品牌制造商对于汽车配件的分类有所区别，但是都应该能满足定义中所提及的功能。如丰田汽车公司将汽车配件分为维修零件、汽车精品、油类和化学品三种类型，而有些品牌则将汽车配件按照不同系统进行区分，如分为发动机系统、传动系、转向系、冷却系、制动系、悬挂系统、进排气系统、车身及附件、内饰件及附件、暖风和空调系统、电气系统、随车附件、汽车精品、美容保养类等方面。

二、汽车配件目录的内容

配件目录一般根据原厂的生产设计资料编制，是配件流通中的技术标准。在配件目录中通常包括以下内容：

1. 配件插图

配件插图是配件目录的主要组成部分之一，一般采用轴侧图来表现系统中各零配件的相对位置和装配关系。按照国家标准，在配件插图中标有图中序号，使用时要特别注意零件之间的包含关系。

2. 配件编号

配件的唯一准确的编号，贯穿配件设计、生产、采购、销售、维修各个环节。它是配件订货和销售的最准确的要素，所有的配件订单和销售单据上必须清楚标示出配件编号。

3. 配件名称

主要是在设计和生产中使用的名称，它只是根据配件的特点，结合约定俗成的标准为配件赋予的一个文字符号，但指代和区分能力较弱，一般用于配件经销中做描述性说明和补充手段。

4. 全车用量

给出该零件在一辆车上的使用数量。

5. 备注

这是配件目录中十分重要的部分，一般用来补充说明配件的参数、材料、颜色、适用车款、车型以及其他配置信息等。备注信息提供了配件适用范围的准确描述，因此在采购和销售汽车配件时一定要注意该栏说明。

6. 其他

在配件目录中，一般都附有厂家对该配件目录的适用范围，使用方法的详细说明，应在使用之前仔细阅读。

三、汽车配件编号

汽车配件的制造厂编号代表汽车配件的型号、品种和规格，编号和规格一般打印在配件的包装物上，也有的打印或铸造在配件的非工作表面。国产汽车的编号有统一标准，国外汽车大都没有统一标准，而由厂家自定。

1. 国产汽车配件的编号规则

1）汽车零部件编号规则

在我国，汽车零部件编号按 QC/T 265—2004《汽车零部件编号规则》统一编制。

（1）汽车零部件编号表达式

国产江铃全顺汽车的机油冷却器出水管（大）的配件编码为 1012012TAB1。

现以此为例，来说明国产汽车零部件的编号规则（见图 2 - 1）。

```
1012      012      TA      B1
 ①        ②        ③       ④
```

图 2 - 1 汽车零部件编号规则

说明：

① ——分组号；

② ——件号；

③ ——结构区分号；

④ ——变更经历代号（或修理件代号）。

（2）标准术语说明

① 分组号。用 4 位数字表示总成和总成装置图的分类代号。前 2 位数字代表它所隶属的组号，用来表示汽车各功能系统内分系统的分类代号。后 2 位数字代表它在该组内的顺序号。国产汽车产品零部件编号共有 58 个组号、638 个分组号。如发动机零部件的组号为 10，

共有 22 个分组，即从 1000~1022。图 2-1 中所表示的机油冷却器出水管（大）属于发动机零件范畴，所以它的分组号为 1012，在上述的 22 个分组内。

② 件号。用 3 位数字表示零件、总成和总成装置图的代号。

③ 结构区分号。用 2 个字母或 2 位数字区别同一类零件、总成和总成装置图的不同结构、性能、尺寸参数的特征代号。

④ 变更经历代号（或修理件代号）。变更经历代号是指用一个字母和一位数字表示零件、总成和总成装置图更改过程的代号。当零件或总成变化较大，但首次更改不影响互换的用 A1 表示，依次用 A2，A3，…当零件或总成首次更改影响互换时，则用 B1 表示；若再次更改影响互换，则依次用 C，D，…表示。

修理件代号是指在标准尺寸的基础上尺寸加大或减小的修理件，按其尺寸加大或减小顺序进行编号。其代号用 2 个汉语拼音字母表示，前一个字母表示修理件尺寸组别，后一个字母为修理件代号，用"X"表示。如某一修理件有 3 组尺寸时，其代号为"BX"，"CX"，"DX"。当该组修理件标准尺寸进行更改影响互换时，应相应更改尺寸组别代号，其字母根据更改前所用的最后字母依次向后排列。如更改影响互换时，标准尺寸的更改经历代号为"E"，则相应修理件代号为"FX"，"GX"，"HX"。

通过上例可知，国产汽车零部件的编号是由企业名称代号、组号、分组号、件号、结构区分号、变更经历代号（或修理件代号）组成。

2）汽车标准件的编号规则

（1）不含专用隶属件的汽车标准件编号表达式

下面以某种六角头螺栓的编码 Q150B0650T1F3Q（见图 2-2）为例，对国产汽车标准件的编号规则进行说明。

$$\underset{①}{Q}\quad\underset{②}{150}\quad\underset{③}{B}\quad\underset{④}{0650}\quad\underset{⑤}{T\ 1}\quad\underset{⑥}{F}\quad\underset{⑦}{3\ Q}$$

图 2-2　国产汽车不含专用隶属件的标准件编号组成

说明：

① ——汽车标准件特征代号；

② ——品种代号；

③ ——变更代号；

④ ——尺寸规格代号（修理件代号）；

⑤ ——机械性能材料代号；

⑥ ——表面处理代号；

⑦ ——分型代号。

（2）标准术语说明

① 汽车标准件特征代号。以"汽"字汉语拼音第一位大写字母"Q"表示。

② 品种代号。品种代号由三位数字组成，首位表示产品大类（大类含义见表 2-1）。第二位为分组号，第三位为组内序号。结构功能相近的品种尽可能编入同一分组。表 2-2 列出了汽车行业已采用产品的部分品种代号。

表 2 - 1　汽车标准件品种代号（大类）规则

代号	产品名称	代号	产品名称
1	螺柱、螺栓	6	螺塞、扩口式管接件、卡箍、夹片
2	螺钉	7	润滑脂嘴、密封件、连接叉、球头接头
3	螺母、螺母座	8	卡套式管接件
4	垫圈、挡圈、铆钉	9	其他
5	销、键		

表 2 - 2　部分汽车标准件产品品种代号

品种代号	采用标准	名　称	说　明
Q110	GB/T902.1—1989	手工焊接螺柱	
Q150B	ISO4014：1988（GB/T5782） ISO4017：1988（GB/T5783）		粗牙，全螺纹段采用 ISO 4017
Q151B	ISO8765：1988（GB/T5785） ISO8676：1988（GB/T5786）	六角头螺栓	细牙，全螺纹段采用 ISO 8676
Q151C	ISO8765：1988（GB/T5785） ISO8676：1988（GB/T5786）		较细牙，全螺纹段采用 ISO8676

③ 变更代号。由于产品标准修订，虽然产品结构型式基本相同，但尺寸、精度、性能或材料等标准内容变更以致影响产品的互换性时，应给出"变更代号"。同一品种中不同螺纹系列，同一品种中不具有派生关系且不具有互换性的不同型式也采用变更代号加以区分。变更代号以一个汉语拼音大写字母表示，按 B 开始顺序使用（不用字母"I"，"O"，"Q"，"Z"）。

④ 尺寸规格代号。尺寸规格代号直接以产品的主要尺寸参数表示，其位数为 2~3 位或3~6 位不等。当由一个主要尺寸参数即可表示产品规格的，直接以该参数值用 2~3 为数字表示。而当需由两个或三个主要尺寸参数表示产品规格的，直接以参数值按主次顺序相接的3~6 位数字表示。其中第一参数值仅一位数的，于左边加"0"补足两位，其余参数直接写入，不补位。某些品种主要参数含有带小数规格时，该参数中的小数规格以增为 10 倍的整数表示。如图 2 - 2 中所标注的尺寸规格为 0650，它所表达的含义是此六角螺栓的螺纹规格为 M6，杆长为 50 mm。

⑤ 机械性能材料代号。产品标准中已规定基本的机械性能、材料，不标注代号。产品标准还规定了可选用的其他机械性能、材料，当选用这些要求时，应标注相应代号。如图2 - 2 中所标注的"T1"，它所表达的含义是此六角螺栓所采用的材料和机械性能等级为钢8.8。它可通过查表得到。

⑥ 表面处理代号。用法同上条。图 2 - 2 中所标注的"F3"所表达的含义是此六角螺栓的表面经镀锌彩虹钝化处理。它也可通过查表得到。

⑦ 分型代号。以一种结构型式为基础，通过改变局部结构型式或增加新的技术内容所派生出的具有新增或不同功能的品种，其品种代号应与基本品种一致，每种分别给出分型代号。分型代号以一个汉语拼音大写字母表示。如准许制成全螺纹的品种，视为一种分型，分型代号统一采用"Q"。

（3）含专用隶属件的汽车标准件编号表达式

含专用隶属件的汽车标准件编号方式与不含专用隶属件的汽车标准件编号方式基本相同，唯一的区别在于含专用隶属件的汽车标准件编号表达式中多了一位总成件专用隶属件代号，并用圆点将它与尺寸规格代号分隔开。下面以 C 型蜗杆传动式软管环箍、最大夹紧直径为 50 mm 的齿带零件编号为 Q67550·1（见图 2 – 3）为例，对含专用隶属件的汽车标准件的编号规则进行说明。

$$\underset{⑧}{\underline{Q67550}} \quad \underset{⑨}{\underline{·1}}$$

图 2 – 3　国产汽车含专用隶属件的标准件编号

说明：

⑧ ——分隔点；

⑨——总成件专用隶属件代号。

总成件专用隶属件代号，仅用于某总成件的零件，其代号以自"1"起的顺序数字表示。隶属件代号应置于尺寸规格代号之后，并以"·"分隔。

2. 进口汽车配件的编号规则

我国进口（或引进车型）汽车品牌繁多，在工业发达国家，各汽车制造厂的零件编号并无统一规定，由各厂自行编制，其配件编号规则各不相同，这里以大众车系举例说明。

甲壳虫是大众汽车品牌之一，现以它的后视镜为例，对大众汽车配件的编码规则加以说明（见图 2 – 4）。甲壳虫后视镜的编码为 113857501AB01C。

$$\underset{①}{113} \quad \underset{②}{857} \quad \underset{③}{501} \quad \underset{④}{AB} \quad \underset{⑤}{01C}$$

图 2 – 4　甲壳虫后视镜编码示意图

说明：

① 车型或机组代码。前三位数字表示车型或机组代码。当该零件是发动机及变速箱件时，前三位为机组代码，如"012"表示五挡手动变速箱件。当该件为除机组以外零件时，前 3 位代表车型代码，一般情况下，前三位为奇数时，代表左置方向盘车，为偶数时，代表右置方向盘车。图 2 – 4 中的"113"表明该车的零件属于甲壳虫车的。

② 大类及小类。根据零件在汽车结构中的差异及性能的不同，德国大众配件号码系统将配件号分成十大类（即 10 个主组），每大类（主组）又分为若干个小类（即子组），小类（子组）的数目和大小因结构不同而不同，小类（子组）只有跟大类（主组）组合在一起才有意义。它们的含义可通过查配件手册获知。如图 2 – 4 所示的"857"，8 为大类，称为主组，表示车身、空调、暖风控制系统。57 为小类，称为子组，表示后视镜。

③ 配件号。按照其结构顺序排列的配件号由三位数（001 ~ 999）组成，如果配件不分左右或既可在左边又可在右边使用时，最后一位数字为单数。如果配件分左右件，一般单数为左边件，双数为右边件。图 2 – 4 中的"501"即为后视镜的配件号。

④ 设计变更号（技术更改号）。设计变更号由一个或两个字母组成，表示该件曾技术更改过。图 2-4 中的 "AB" 即为设计更改号。

⑤ 颜色代码。颜色代码用三位数字或三位字母的组合来表示，它说明该件具有某种颜色特征。图 2-4 中的 "01C" 表明此后视镜的颜色为黑色带有光泽。

通过上述例子，可看出大众的配件编码规则简明、完整、精确、科学。一般德国大众配件号码一般由 14 位组成。它们是通过阿拉伯数字和英语字母进行组合的。每一个配件只对应一个号码，每组数字，每个字母都表示这个件的某种性质，人们只要找出这个号码，就可以从几万或几十万库存品种中找出所需的配件来。

单元 2 汽车配件目录的查阅

 **单元要点**

1. 汽车配件目录查阅的基本步骤。

2. 汽车配件目录查阅方法。

相关知识

汽车配件编码（备件号）的查询必须有原厂授权的配件查询资料（书册或胶片）才可进行配件的查询。备件号的查找不能只通过几次培训，几道练习就能掌握，需要今后不断地努力和追求，在工作中学习，在工作中探索，在工作中熟练掌握。

一、汽车配件目录的查阅步骤

汽车配件目录一般是按汽车的发动机、底盘、车身和电气设备四大组成部分顺序编排的。发动机按机体组、曲柄连杆机构、配气机构、供给系、冷却系、润滑系、点火系和启动系排列。底盘按传动系（离合器、变速器、万向传动装置、驱动桥）、行驶系（车架、车桥、悬架、车轮）、转向系、制动系排列，接着是车身附件和电器系统。

在汽车配件目录中，一般每一总成都有拆解示意图，并标明该总成各组成零件的序号（标号），对应表格中给出各标号配件的名称、编号、每车用量、通用车型等。

下面所给的参数及步骤只是其中的一个例子，实际工作中并非按此步骤运行，仅供参考。

1. 确认备件号的有关参数

① 车型，款式，规格。

② 明确的备件名称。

③ 底盘号。

④ 发动机型号/输出功率/发动机字母标记。

⑤ 发动机/变速箱规格。

⑥ 制造厂家代码及生产日期。

⑦ 选装件（如中央门锁），内部装备材料及基本色调（如坐椅）。

⑧ 车体外部颜色。

2. 查找备件号的步骤

① 须知的最基本参数。

② 确定零件所在的大类。

③ 确定零件所在的小类。

④ 确定显示备件的图号。

⑤ 根据备件名称找到插图，确认备件号，或根据车型、款式、备注说明，确认备件号。

⑥ 根据车辆参数确定备件号并记录下来。

⑦ 关闭阅读器，胶片送回原处。

3. 车辆标牌、发动机、底盘号的位置（以一汽大众生产的捷达车为例）

① 车辆标牌：位于发动机机舱右围板处或储气室右侧。

② 发动机号：位于缸体和缸盖结合处的缸体前端。此外，齿型皮带罩上有一个条型码不干胶标签，其上标出了发动机号码。

③ 车辆识别号（底盘号）：车辆识别号标在发动机机舱前端围板处，通过排水槽盖上的小窗口即可看到底盘号。

④ 整车数据：不干胶标签贴在行李舱后围板左侧，其上有：生产管理号、车辆别号、车型代号、车型说明、发动机和变速箱代码、油漆号/内饰代码、选装件号等数据。

总之，查阅汽车配件目录时应注意：

① 首先要确定所查阅的配件为车辆的原有目录，否则将无法保证所购配件是否适用。

② 查阅前，必须确定汽车型号、发动机型号、发动机编号、底盘编号、出厂日期等参数。

二、汽车配件目录查阅方法

如何根据客户的描述去查询和确认客户所需要的配件呢？一般的汽车配件电子目录查询软件都提供了多种的查询检索途径，配件管理人员可根据具体情况选择不同的查询方法获取所需的信息。常用汽车配件的检索方法有按汽车零件名称（字母顺序）索引、按汽车总成分类索引、按零件图形（图号）索引、按零件编号（件号）索引等，分述如下：

（1）按汽车配件名称（字母顺序）索引

在进口汽车配件手册中均附有按零件名称字母顺序编排的索引，如果知道所需零件的英文名称，即使缺乏专业知识的人员，采用此种方法也能较快地查找该零件的有关信息。

（2）按汽车总成分类索引

把汽车零件按总成分类列表，如发动机、传动系、电器设备、转向、制动、车身附件等，根据零件所属总成，查出对应的地址编号或模块编号，再根据编号查询出该零件的有关详细信息。不同的汽车公司、车系分法也有所不同，因此，汽车总成分类索引适用于对汽车零部件结构较熟悉的专业人员使用，知道某一个零件属于哪个总成部分，才能够快速查询和确认客户所需要的配件。

（3）按零件图形（图号）索引

把汽车整车分解成若干个模块，采用图表相结合的方式，用爆炸图（图2-5）即立体装配关系展开图能直观、清楚地显示出各个零件的形状、安装位置及其装配关系，并在对应的表中列出零件名称、零件编号、单车用量等详细信息。按图形（图号）索引查询的特点是能直观、准确、方便、迅速确定所需配件。

气缸体·气缸盖·凸轮轴
MG   DAE-002
CYLINDER BLOCK、CYLINDER HEAD、CAMSHAFT

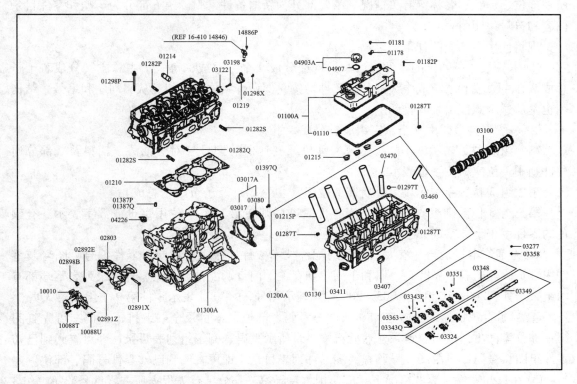

图2-5   配件爆炸图

（4）按汽车零件编号（件号）索引

一般汽车零件上均有该零件的编号，如果所需备件编号已知，则采用本方法能准确、迅速地查询到该零件的有关信息。一个零件的名称可能因翻译、方言等叫法不同，但零件编号是唯一的。零件编号索引是根据零件编号大小顺序排列的，根据已知的零件编号，可以查出该零件的地址编码或所在页码，然后查询其详细信息。

除上述几种外还有根据汽车零件名称编码PNC（PART NAME CODE）查询等方法，不同汽车制造厂家的配件目录系统都提供了多种配件查询方法供备件人员根据需要选择，以上列举的只是常见的几种方法。

三、汽车配件查询方法的具体应用

例 2 - 1 以捷达（JETTACL）ABX（四速和五速）及 ACR 型和捷达王（JETTAGT）轿车的配件目录为例加以说明：

本目录分为 5 个部分，第一部分是零件主组索引，按照一汽大众公司的零件主组编号，介绍各编号内的子组零部件及其名称。第二部分为零件目录正文，其中包括全部零部件的子组图解和每种零部件的编号、名称、说明、件数、适用车型等内容。第三部分为备件号码索引，它把书中全部零部件的零件号码按顺序编辑，以便使用者能在知道零件号码后查阅零件所在部位、形状、名称等有关情况。第四部分为新增备件索引。第五部分为车型和零件目录内容和符号说明附表。

现将使用需知说明如下：

① 本目录中所列出的零件按汽车的构造分成 9 个主总成，每一个主总成又分成若干子总成。在主总成和子总成中大部分的零件均按它们设计结构上的相互从属列序和编号，结构图也是从这个意图出发安排的。

② 一般零件号码由 9 个数字组成，分成 3 组。

第一组 3 位数表示汽车的车型或发动机或变速器的型号（对于油漆、辅料及一部分通用件则用 1 位或 3 位字母表示）；

第二组 3 位数字表示该零件所属的主组（主总成）及子组（子总成）；

第三组 3 位数则组成零件号。当零件改进后则在第 10，11 位用字母或数字表示。有颜色的零件由 3 个数字或数字与字母组合在第 12 ~ 14 位来表示。

③ 为了使本目录与一汽大众公司的配件技术文件通用，本目录对零件编号、图号及零件主组页码等内容未做改动，以利于用户到有关部门订购配件。每页零件目录列表下端都有两组数，如：200 - 10 和 9 - 003，200 - 10 表示图号，9 - 003 表示零件第 9 主组的第 3 页。

④ 为了直观快速地查阅已知零部件的号码、部位，本目录全书编排了页码，可先查阅第一部分零件主组索引及目录，然后再按目录所示页码查阅子组列表目录，即可查阅到已知零件组图页号码，再由图页号码查阅零部件列表目录，即可查阅到已知零件号码、部位。

⑤ 在只知零件号码的情况下，应使用本目录第三部分。首先根据所查零件号码第二组 3 位数字的顺序查到该零件号码所在的零件主组页码（对于第一组是字母的零件将其安排在前部，在查阅时要注意），据此即可找到被查零件所在的图解及附表。

⑥ 为方便用户使用，在目录中增加了新增备件索引，如需要可根据所查零件号码的第二组的 3 个数字的顺序在新增备件索引中即可查到。

⑦ 车型、零件目录内容和符号说明等，可按此第五部分中的附表中查出。

例 2 - 2 以丰田汽车电子零件目录查询系统的具体应用来说明几种常用的汽车配件查询方法。

（1）通过配件编号即件号直接查询零件

如输入零件编号 04465 - 33340，点击查询后即可得到关于此零件的相关信息。如图 2 - 6：

（2）汽车总成分类（图例图号）索引查询

图 2 - 7 是按汽车总成分类索引查询的总界面：

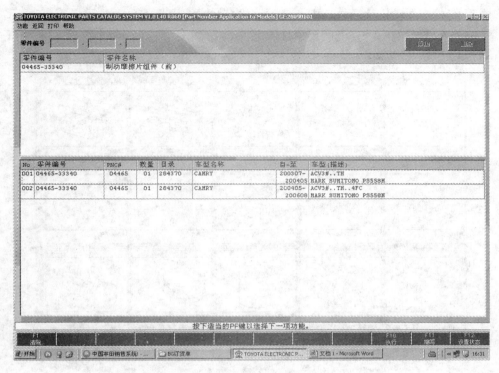

图 2 - 6　以配件编号进行零件查询的界面

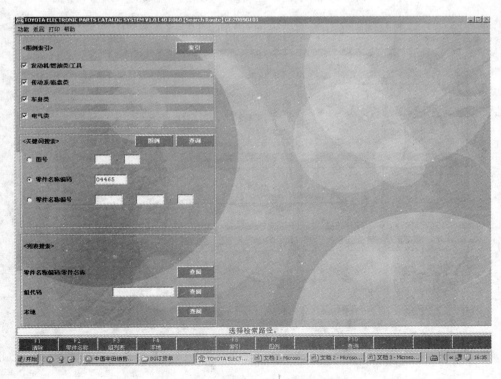

图 2 - 7　汽车总成分类索引查询界面

例如我们要查发动机活塞件，则点击发动机/燃油类/工具条目，显示图2-8所示界面，再根据界面所示的图例图号查询所要的具体配件。

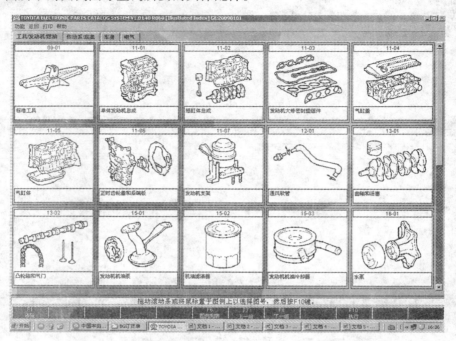

图2-8　汽车总成分类（图例图号）索引——发动机/燃油类/工具查询界面

其他按总成分类的图例图号分类索引界面分别如图2-9、2-10、2-11所示：

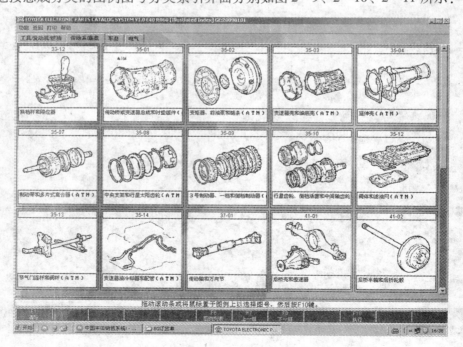

图2-9　汽车总成分类（图例图号）索引——传动系/底盘类查询界面

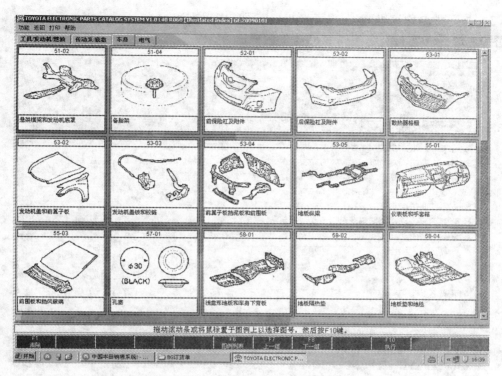

图 2-10 汽车总成分类（图例图号）索引——车身查询界面

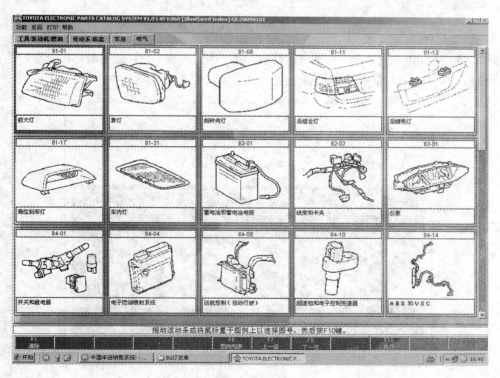

图 2-11 汽车总成分类（图例图号）索引——电气类查询界面

（3）按零件名称编码 PNC（PART NAME CODE）查询

图 2 - 12 为按零件名称编码 PNC 查询的界面。

No	PNC#	零件编号	目录	车型名称		自-至	数量	车型（描述）
01	04465	04465-52260	110310	YARIS (CHINA)		200805-	01	NCP90,ZSP91 MARK AK PA563H
02	04465	04465-52240	113310	YARIS (ASIA)		200601- 200901	01	NCP91..RHD..S MARK AISIN PV565H
03	04465	04465-52260	113310	YARIS (ASIA)		200601- 200901	01	NCP91..(E,G,J)..(IDN,MA,PH,TH) MARK AK PA563H
04	04465	04465-52240	113310	YARIS (ASIA)		200601-	01	NCP91..S..TAIW MARK AISIN PV565H
05	04465	04465-52260	113310	YARIS (ASIA)		200601-	01	NCP91..(E,G)..TAIW MARK AK PA563H
06	04465	04465-52240	113310	YARIS (ASIA)		200901-	01	NCP91..RHD..S MARK AISIN PV565H
07	04465	04465-52260	113310	YARIS (ASIA)		200901-	01	NCP91..(E,G,J)..(IDN,MA,PH) MARK AK PA563H
08	04465	04465-52260	140310	VIOS (CHINA)		200802-	01	NCP92,ZSP92 MARK AK PA563H
09	04465	04465-52240	149320	VIOS		200702-	01	NCP93..(15S,E)..(TH,VN) NCP93..(15G,G,S)..(IDN,MA,PH,VN) MARK AISIN PV565H
10	04465	04465-52240	149320	VIOS		200702-	01	NCP93..15G..TH MARK AISIN PV565H,SINGAPORE & BRUNEI SPEC
11	04465	04465-52260	149320	VIOS		200702-	01	NCP93..(15E,15G,15J,E,J)..(MA,TH) NCP9#..(13E,13J,15E,LIMO)..(IDN,PH,VN) MARK AK PA563H
12	04465	04465-02220	151360	COROLLA	SED/WG	200704- 200810	01	NZE141..N MARK ADVICS PV565H
13	04465	04465-02220	151360	COROLLA	SED/WG	200708-	01	CE140,NZE141,ZZE14#..SED MARK ADVICS PV565H
14	04465	04465-02220	151360	COROLLA	SED/WG	200810-	01	NZE141..N MARK ADVICS PV565H

图 2 - 12　按零件名称编码 PNC 查询界面

例 2 - 3　下面以一汽 - 大众配件电子目录为例，进行一汽 - 大众迈腾车"机油泵"的查询。

① 进入到一汽 - 大众电子零件目录主窗口界面（见图 2 - 13）。

图 2 - 13　一汽 - 大众电子零件目录主窗口界面

② 车系选择。选择大众车系标志（见图 2 – 14）。

图 2 – 14　选择车系主窗口界面

③ 选择车型界面，选择"Magotan"（迈腾），如图 2 – 15 所示。

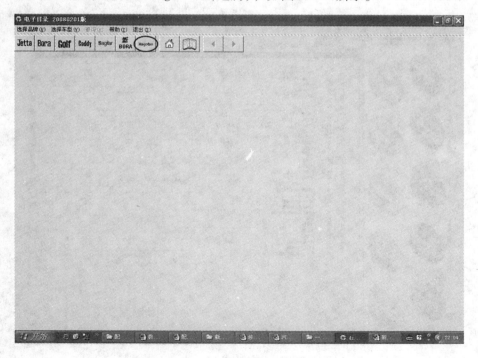

图 2 – 15　选择车型界面

④ 点击选择 Magotan 车型，并进入车型各系统界面，如图 2 – 16 所示。

图 2 – 16　迈腾车系各系统界面

⑤ 点击发动机系统，电子目录将显示该系统所包含的所有的配件的属性（见图 2 – 17）。

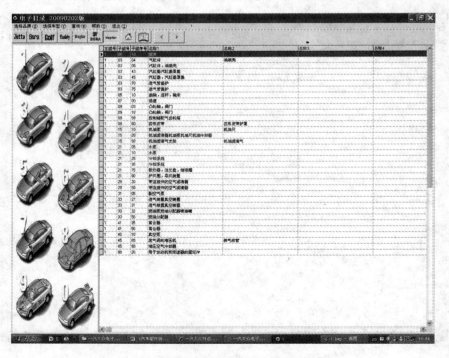

图 2 – 17　选择迈腾发动机系统所显示的界面

⑥ 选取具体项目名称"机油泵"（见图2-18）双击该配件项目条，系统会显示该配件各型号的详细图片（见图2-19）。

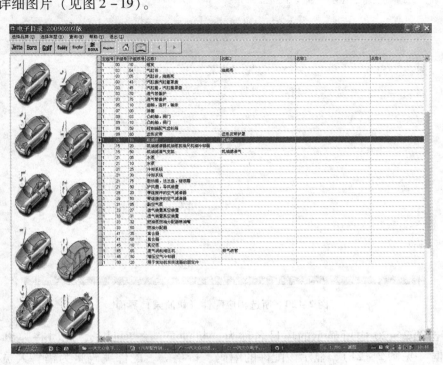

图2-18 配件"机油泵"的前半部信息界面

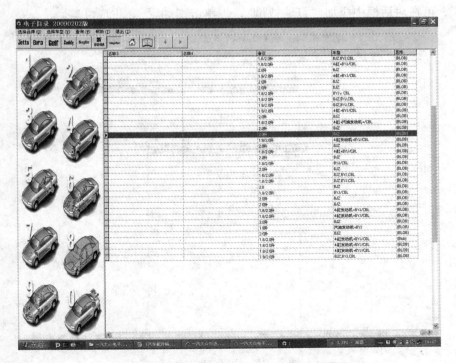

图2-19 配件"机油泵"的后半部信息界面

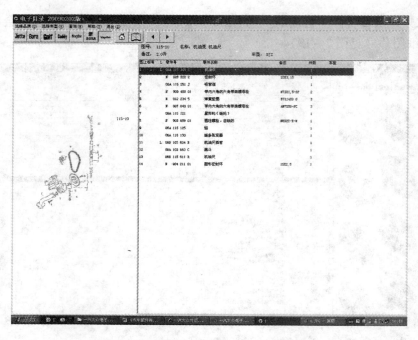

图 2-20　所选相应配件（机油泵）界面

⑦ 双击图 2-20 中所显示的项目名称为"机油泵"的项目条，此时将弹出"订单信息"对话框（见图 2-21），显示该配件的编码、价格等。配件编码将为销售人员查询该配件的库存、位置提供依据。销售员可根据图 2-21 所显示的对话框内容向顾客报价，如顾客同意购买，可在对话框中添加"订购数量"，再单击"确定"，生成订单。

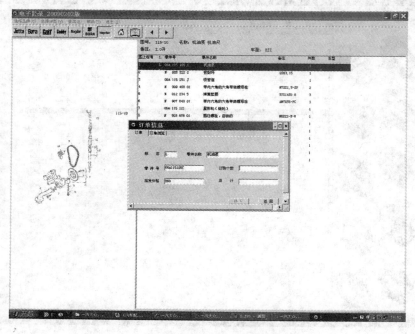

图 2-21　订单信息对话框

思 考 题

一、判断题

1. 配件目录的内容通常包含配件插图、编号和名称。

2. 汽车配件按标准化分类为总成、分总成和零件。

3. 汽车配件按实用性分类为易耗件、标准件、车身覆盖件三类。

4. 一般的汽车配件电子目录查询只能按汽车零件名称索引查找。

5. 国内汽车大都没有统一标准的零件编号，都是厂家自定。

二、简答题

1. 汽车配件目录查阅的基本步骤有哪些？

2. 汽车配件目录查阅方法有哪些？

3. 如何对汽车配件进行分类？

4. 汽车配件是怎样进行编号的？

5. 请通过案头调查方法查询丰田汽车配件的编号规则。

学习任务 3

汽车配件的订货采购

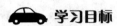 **学习目标**

通过本学习情境的探讨，要求学生具备以下能力：

1. 掌握汽车配件的订购业务，会拟定订货计划。
2. 知道选择与鉴别货源的方法，初步区分假冒伪劣配件。
3. 拟定汽车配件采购合同。

任务描述

配件订货员小王为制订一份准确的配件订货计划，在下订单之前对各零件现有的库存情况、销售情况做了足够的了解，做出了订货计划并由领导审批通过。恰逢中华汽配网第六届 (2008) 汽车零部件全球采购及投资贸易洽谈会召开之际。有 100 家国际采购商将亲临现场，与国内优质供应商进行面对面洽谈交流，其中包括 10 家国内整车厂，20 家国内汽配进出口公司，30 家 OEM 采购商和 40 家售后市场采购商，他们带来最新的采购清单。小王所在的公司也应邀参加，他们进行了采购洽谈并取得了丰硕的成果。这些都归功于小王此前对订货计划和采购等知识的掌握。那么，小王对配件的订货和采购应了解哪些内容呢？

单元 1 汽车配件采购概述

 **单元要点**

1. 采购的含义和目的。
2. 汽车配件进货渠道和方式。
3. 汽车配件进货原则。
4. 采购流程。

 **相关知识**

一、采购的含义和目的

1. 采购的含义

采购，作为物流活动的起点，涵盖了从供应商到需求方的货物、技术、信息和服务流动的全过程。采购是一种具体的业务活动，选择和购买两层基本含义，即，从许多对象中选择若干个，通过商品交易的手段把所选对象从对方手中转移到自己手中。

2. 采购的目的

采购商进行采购的目的是为了满足生产需要。因此，为了保证企业所生产产品的质量，首先应保证所采购材料的质量能够满足企业生产的质量标准要求。为了生产所需的产品或提供服务，采购的产品要达到一定的质量要求，否则最终产品或服务将达不到期望的要求。试想，一个质量较差的零件被安装到某个机械系统上，零件成本可能几元钱，但是，如果这部机械在使用过程中因此出了问题，那么，拆卸重置等成本就会变成上千元，甚至会危及人民生命财产安全，如假冒伪劣的制动分泵安装到汽车上将直接危及生命安全。

采购的另一个目的是要科学地确定采购数量，在采购中要防止超量采购和少量采购。如果采购量大，易出现积压现象；如果采购量小，可能出现供应中断，采购次数加大，使采购成本增加。因此，为了降低存货费用，采购数量一定要适当。

二、汽车配件进货渠道

汽车配件销售行业大都从汽车配件生产厂家进货，在进货渠道的选择上，应立足于以优质名牌配件为主。但为适应不同层次的消费者的需求，也可进一些非名牌厂家的产品，可按A，B，C顺序选择。

A类厂是全国有名的主机配套厂，这些厂知名度高，产品质量优，多是名牌产品。这类厂应是进货的重点渠道。其合同签订形式，可采取先订全年需要量的意向协议，以便于厂家安排生产，具体按每季度、每月签订供需合同，双方严格执行。

B类厂虽生产规模知名度不如A类厂，但配件质量还是有保证的，配件价格也比较适中，订货法与A类厂不同，可以只签订短期供需合同。

C类厂是一般生产厂，配件质量尚可，价格较前两类厂低。这类厂的配件可作为进货中的补缺。订货方式也与A、B类厂有别，可以电话、电报要货，如签订供需合同的话，以短期合同为宜。但必须注意，绝对不能向那些没有进行工商注册、生产"三无"及假冒伪劣产品的厂家订货。具体可根据以下情况进行选择。

1. 根据供货厂家产品特点及销售政策选择供货厂家

随着汽车工业的发展，汽车维修量日益增加，汽车配件市场也日益繁荣。北京、上海目前有许多大大小小的汽车配件市场，汽车零配件的进货渠道五花八门，真假配件让消费者迷茫，配件质量鱼龙混杂。例如一个金杯面包车的离合器，不同的汽修厂的价格高则400多元，低则148元。而配件的来源也是五花八门，既有原厂配件，也有合资厂产品以及无证无照的小作坊产品。这些产品看起来差不多，但价格差距很大，质量更是参差不齐，普通消费者很难看出其中奥秘。关于汽车配件的投诉占汽车维修投诉总量的 28%。反映问题较多的配件有轮胎、玻璃、蓄电池、气门、点火线圈、空调系统等，多是怀疑购买的配件是假冒产品，有的才使用几天就出现严重质量问题。而且如果在维修中使用假冒伪劣配件，除了影响车辆使用寿命外，还可能为交通事故埋下隐患。汽车制造厂为了保证用户的利益和自己的品牌声誉，在汽车配件供应上开辟了新的渠道。以物流配送的形式，向本品牌的汽车 4S 店供应原厂纯正配件。以上海大众汽车为例，目前在北京地区的供货渠道是上海大众公司与北京市汽车配件公司共同建立的上海大众北京配件分中心。它为北京地区 30 多家上海大众特约维修服务站提供汽车配件订货、仓储运输、索赔、技术支持等全方位服务，形成多元一体化的物流服务体系。

一般来说，车主习惯性地认为自己的车价格不贵，所以零配件就应该便宜，事实完全不是这样。以上海大众的高尔为例：一辆售价 8 万元左右的高尔前后制动片、汽油滤清器和后保险杠的价格比波罗还高，其电动后视镜的价格比宝来 1.6 的高了 5 倍多。对此，专家的解释是由于高尔的产量较小，还没有形成规模效应，因此造成其配件成本相对较高。但其他通用型配件，如机油滤清器等常用配件则价格较低。

除了产量因素以外，不同的产地、流通渠道、制造工艺和质量等都会对汽车配件的价格造成程度不同的影响。由不同制造者生产的同样产品的价格有显著差异。例如，同样是高尔的后制动片，进口品售价是 739 元，而国产的仅为 360 元，两者售价相差一倍还多。一般比较诚实的维修商往往会就同一个零部件给出原厂价、副厂价、杂牌价，前者为最正宗的产品，保证质量，价钱也偏高；后者价钱便宜但质量良莠不齐。于是有人又特别区分了副厂好零件价与副厂差零件价、杂牌好零件价与杂牌差零件价。其实这些零件往往都可以使用，最大的差别是在使用寿命上，如果使用杂牌差零件，只要勤换，也可以使用。如几元钱一副的刮水片只要避免干刮玻璃，用 3 个月或者半年也可以；如果把它当成正牌货用一年以上，轻则下雨时玻璃越刮越模糊，重则刮花玻璃，影响驾驶安全。汽车配件销售员在向客户推荐产品时一定要根据客户的需求，实事求是地介绍产品。

根据供货厂家产品特点及销售政策选择供货厂家，汽车配件销售企业在进货渠道的选择上，应立足于以优质名牌配件为主的进货渠道，但为适应不同层次的消费者的需求，也可进一些非名牌厂家的产品。必须注意的是，绝对不能向那些没有进行工商注册、生产"三无"及假冒伪劣产品的厂家订货和采购。

2. 根据销售形势及用户使用信息选择供货厂家

一年春夏秋冬四季给汽车配件销售市场带来不同的季节需求。在细雨绵绵的春季，为适应车辆在雨季行驶，各种挡风玻璃、车窗升降器、刮水臂及片、挡泥板等部件的需求量大；在夏、秋季，因为气温高，发动机机件磨损大，火花塞、白金（断电触点）、汽缸活塞、进排气门、风扇带及冷却系部件等的需求特别多；在冬季，气温低、发动机启动难，需要的蓄电池、预热塞、起动机齿轮、飞轮齿环、防冻液等配件就增加。调查资料显示，自然规律给汽车配件市场带来非常明显的季节需求趋势，这种趋势所带来的销售额约占总销售额的 30%～40%。

我国汽车用户分散在全国各地，这也给汽车配件销售市场带来地域性的不同需求。在经济发达的城镇、大中城市，由于运输繁忙，汽车启动和制动、停车次数频繁，机件磨损较大，所需的启动、离合、制动、电气设备等部件的数量就较多。在山地高原地区，由于山路多、弯道急、坡度变化大、颠簸频繁，汽车钢板弹簧易断或失去弹性，减震器部件也易损坏，变速部件、传动部件都易损耗，需要更换的总成件也就多。可见，地理环境也给汽配销售市场带来非常明显的市场差别。

近年来，随着人们的消费观念、时间观念的变化，用户要求尽量缩短汽车的维修时间，提高车辆的利用率；同时，随着汽车工业和零部件制造业的迅速发展，以及现代汽车对维修质量的高标准要求，维修所需的配件应具备配合精密、使用维修方便、搭配合理、可靠性高等特点，汽车维修配件消耗规律也发生了变化。表现在：

（1）小总成换件增加

如有小总成（如化油器、分电器、发电机、起动机、水泵、汽油泵、制动蹄片、离合器摩擦片）故障，用户大多要求先更换新总成，旧件换下维修后作备件用。相应的这些小总成的零配件消耗急剧减少。

（2）组合件、成套件的大量使用

如活塞带环带销、活塞带环带销并带连杆、精加工成且不用刮、搪、拉，装上就能用的各级修理尺寸的曲轴轴瓦等，越来越受到用户和修理工的青睐。

（3）车辆保养中必换的密封件

如离合器、制动总泵和制动分泵皮碗、皮圈、油封及汽缸垫、油底壳垫等密封垫片集中包装制成的各种修理包，受到修理工的欢迎。

（4）小规格容器包装的润滑油、特种液

因其携带、加注方便、较少废弃、适合单台车辆使用的优点，随着私家车的增多，其销量也大幅度增加。

配件销售企业应根据车辆配件消耗的规律、根据销售形势及用户使用信息，来选择供货厂家，制订采购计划。

三、汽车配件的进货方式

汽车配件销售企业在组织进货时，要根据企业的类型、各类汽车配件的进货渠道以及汽车配件的不同特点，合理安排组织进货。

1. 集中进货

企业设置专门机构或专门采购人员统一进货，然后分配给各销售部（组、分公司）销售。集中进货可以避免人力、物力的分散。还可加大进货量以受到供货方重视，并可根据批量差价降低进货价格，也可节省其他进货费用。

2. 分散进货

由配件销售部（组、分公司）自设进货人员，在核定的资金范围内自行采购。

3. 集中进货与分散进货相结合

一般是外埠采购及其他非固定进货关系的一次性采购，方法是由各销售部（组、分公司）提出采购计划，由业务部门汇总审核后集中采购。

4. 联购合销

由几个配件零售企业联合派出人员，统一向生产企业或批发企业进货，然后由这些零售企业分销。此类型多适合小型零售企业之间或中型零售企业代小型零售企业联合组织进货。这样能够相互协作，节省人力，凑零为整，拆整分销，并有利于组织运输，降低进货费用。

四、进货原则

组织进货时，除要严格执行进货计划外，应注意掌握以下两条原则：

（1）要贯彻"五进、四不进、三坚持"的原则

"五进"即所进配件要符合"优、廉、新、缺、特"。"四不进"指凡属下列情况之一者，均不符合进货要求：一是进货成本加上费用、税金后，价格高于本地零售价的不进；二是倒流的配件不进；三是搭配配件、质次价高或滞销而大量积压的配件不进；四是本地批发企业同时向同地大批量购进的配件不进。"三坚持"即坚持看样选购，坚持签订购销合同，坚持验收后支付货款的原则。

（2）合理库存的原则

即只能限于确保供应和满足需要的程度上，任何过多的库存只能增加成本和市场风险，销售缺货又会给企业自身带来经济损失。

五、汽车配件采购流程

采购流程是指有生产需求的企业购买生产所需的各种原材料、零部件等物料的全过程。通常传统采购的一般流程由以下七个步骤组成。

1. 采购申请

采购申请必须严格按生产或客户的需要以及现有库存量提出，采购品种、数量，采购资金都必须经过主管的批准才有效。通过采购申请环节的控制，可以防止随意和盲目采购。

2. 选择供应商

在买方市场中，往往有多家供应商可供选择，此时买方处于有利地位，可以货比多家，要求一些服务条件，此时，应该尽可能地列出所有的供应商清单，向拟购材料的各供应商征询报价单，收到报价单并进行科学的分析，挑选合适的供应商。

3. 价格谈判

价格一直是采购中的敏感问题，价格由市场供需情况决定，任何一方都不可能随意要价，而且采购不仅仅是单一的价格问题，还有质量问题、交货时间与批量问题、包装与运输方式、售后服务问题等。价格谈判就成为采购员的一项重要任务，谈判也发展成一项技能。

4. 签发采购订单

采购订单相当于合同文本，具有法律效力。签发采购订单必须十分仔细，每项条款要认真填写，关键处的用词须反复推敲，表达要简洁，含义要明确。对于采购的每项物品的规格、数量、价格、质量标准、交货时间与地点、包装标准、运输方式、检验形式、索赔条件与标准等都应该一一审定。

5. 跟踪订单

采购订单签发并不是采购工作的结束，必须对订单的执行情况进行跟踪，防止对方发生

违约事件，保证订单顺利执行，货物按时进库，以保证供应。对订单实施跟踪还可以随时掌握货物的动向，万一发生意外事件，可及时采取措施，避免不必要的损失，或将损失减到最低。

6. 接收货物

接收货物时，收货部门必须马上组织人员对货物进行验收。验收是按订单上的条款进行的，应该逐条进行，仔细查对。除此之外，还要查对货损情况，如货损超标，要查明原因，分清责任，为提出索赔提供证据。货物验收完毕才能签字认可。

7. 核对发票以划拨货款

收到供应商的发票时，须将采购订单、验收的货物清单、发票三件凭证进行核对以确定所有凭证中的内容一致，没有差错以后才能签字付款。

传统采购模式以各个单位的采购申请单为依据，以填充库存为目的，管理比较简单、直接，市场响应不灵敏，库存量大，资金积压多，库存风险大。现在，许多企业已经采取现代采购技术来完成采购任务，实现科学采购。

单元 2　汽车配件订购计划

单元要点

1. 库存情况的确定。
2. 订货原则的确定。
3. 订货量计算。
4. 编制订货计划。

相关知识

汽车配件订货好坏直接影响到配件整体流程的顺利进行。汽车配件的订货工作主要由配件计划员即订货员完成，配件订货员应具有高度的责任感及敬业精神，熟悉配件订货流程，努力钻研订货业务知识，不断积累配件订货经验，千方百计保证配件供货。

一、库存情况的确定

配件订货员制订一份准确的配件订货计划，下订单之前必须对各零件现有的库存情况、销售情况有足够的了解。订货信息首先来自销售报表，分析零件的销售历史、销售趋势，并结合仓库的库存状态作出订货计划。订货计划在经过审批后按订货日期发出。

1. 良性库存

配件订货是配件管理的重要一环。配件订货追求的目标是"良性库存"。即以最合理的库存最大限度的满足用户的需求。具体来说良性库存就是在一定时间段内以最经济合理的成本，取得合理的配件库存结构，保证向用户提供最高的备件满足率。配件计划员应该不断完善、优化库存结构，保持经济合理的配件库存，向用户提供满意的服务，才能赢得用户信赖，争取最大的市场份额，获得最大的利润，保证企业的长久发展。

2. 如何实现良性库存

要实现良性库存，一是提高零件供应率，二是减少库存、提高收益。具体做法总结起来说就是"精简库存"。实现良性库存的关键在于依据零件的流通等级确定好库存的深度（库存数量）和宽度（库存品种）。

（1）零件流通等级的确定

零件的流动具有偏向性，最大的销量往往只集中在较少的品种当中，如丰田汽车的零件编号约有 27 万件，接到零件订货项目的 90% 集中在 3 万个零件号中，这 3 万个零件通常被称为快流件；接到零件订货项目的 7% 集中在 9 万个零件号里，这些零件称之为中流件、慢流件。而剩下的 3% 订货项目是 15 万个无库存零件号中发出的，如图 3 - 1 所示。

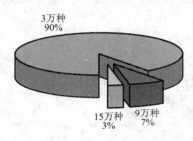

图 3 - 1　最大的销量往往集中在较少的品种中

汽车配件的流通等级反映了汽车配件在流通过程中周转速度的快慢程度，又如雪铁龙公司把连续三个月经常使用的消耗性零件及周转性较高的产品称为快流件（A 类件）；把连续六个月内发生，但又属于周转性次高的产品称为中流件（B 类件）；把一年内属偶发性的产品或由于各种原因不利于周转的产品称慢流件（C 类件）。

一般地，我们会把易磨损和易失效的零件或材料作为快流件，如离合器片、制动器片、制动总泵/分泵、橡胶密封件、机油、轴承、油封、大小轴瓦、大修包、消声器、排气管、高压泵、柱塞、出油阀、前挡风玻璃、密封条、前后灯具、水箱、冷却散热网、万向节十字轴、雨刮片、火花塞、白金等。有些零件经销商根据本公司配件销售量来区分快流件、中流件和慢流件，如把年销售量在 25 ~ 50 件的零件作为快流件，把年销售量在 6 ~ 24 件的零件作为中流件，而把年销售量在 1 ~ 5 件的零件作为慢流件。根据相关统计结果表明，占零件总数仅 10% 的快流件的销售收入占销售总额的 70%，占零件总数 20% 的中流件的销售收入仅占销售总额的 20%，而占零件总数 70% 的慢流件的销售收入只占总销售额的 10%，因此我们要运用 ABC 管理法，对备件进行分级管理，也就是我们要对销量大但品种较少的快流件进行重点管理，对销量一般但品种相对较多的中流件、慢流件采取次要的管理，对销量很小但品种很多的零件可不重点管理，但并不是说对此类不进行管理了，而是要采取行之有效的管理办法，如建立可靠快捷的供货渠道、科学合理的订货原则、高效数据统计分析等。

零件的流通级别不是一成不变的，快流件可能会变成中流件，甚至变成慢流件；而中流件和慢流件在一定时期内可能变成快流件。影响和决定零件流通级别的因素是多方面的，主要有车辆投放市场的使用周期；制造、设计上的问题；材料选择不当、设计不合理、使用不合理；燃油、机油选择不当或油质有问题；道路状况；季节性的影响因素。因此在配件订货时我们要充分考虑零件流通等级的影响，科学制订订货计划。

（2）库存宽度的确定

任何零件都会有增长、平稳、衰退的生命周期，如图3-2所示。

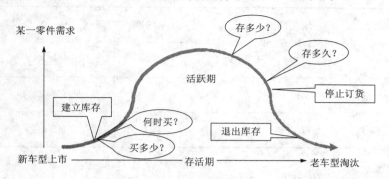

图3-2　零件生命周期图

针对零件生命周期不同阶段的特点，有的放矢地进行库存管理，将是控制好库存宽度的重要课题。不同状态的零件项目应采取不同的零件管理原则：零件在增长期的项目属非库存管理项目，应采取需一买一的原则；零件在平稳期的项目属库存管理项目，应采取卖一买一的原则；零件在衰退期的项目属非库存管理项目，应采取只卖不买的原则，如图3-3这样才能在保证最大零件供应率的同时，降低库存金额。

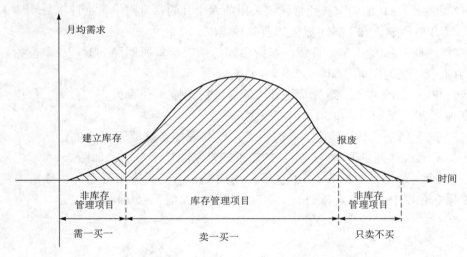

图3-3　库存状态对应方法

其中，管理库存品种的核心工作就是要确定"建立库存"和"报废"的时点，建立库存指伴随新车型的上市，原非库存零件开始进行库存管理的时点，报废指伴随老车型逐渐从市场中淘汰掉，原库存零件不再进行库存管理的时点，即这两点内的零件项目就是我们需要进行库存管理的项目，这两点外的项目就是我们不需要库存管理的项目。为此要制定相应的Phase-in（建库零件）和Phase-out（呆滞零件）管理，各经销店可以通过从零件需求的历史记录中统计出来的月均需求（MAD）和需求频度，发现零件需求的规律，从而确定需要库存的零件范围，如表3-1示。

表 3 – 1 零件需求的规律

	增长期			平稳期	衰退期	
月均需求	少	较多	较多	多	少（短期）	少（长期）
需求频度	低	低	较高	高	低（短期）	低（长期）
库存状态	不库存	不一定	建立库存	库存管理	"停止库存试验"	

（3）库存深度 MIP 的确定

库存深度的确定是决定库存多少的问题，库存深度是针对每个零件件号，在考虑订货周期、在途零件和安全库存的前提下，保证及时供应零件的最大库存数量，亦即零件的标准库存量。

标准库存量 SSQ（Standard Stock Quantity）可由下式计算：

$$SSQ = MAD \times (O/C + L/T + S/S)$$

式中：

① 月均需求 MAD 的确定。通常建议采用前六个月的每月需求量来计算月均需求，含常规的 B/O（客户预定）和 L/S（流失的业务）需求。

② 订货周期 O/C 的确定。订货周期指相邻的两次订货所间隔的时间，单位为月，如订货周期为两天，则 O/C = 2/30 = 1/15（月）。

③ 到货期 L/T 的确定。到货周期指从备件订货到搬入仓库为止的月数，单位为月，如到货周期为六天，则 L/T = 6/30 = 1/5（月）。

④ 安全库存周期 S/S 的确定。有时由于一些突发的特殊原因（比如，运输车辆途中出现了故障）导致推迟到货期，或因市场的需求经常是起伏不定的，如图 3 – 4 示。第五个月的需求是 18 个，超出月均需求 7。安全库存周期是考虑受到货期延迟和特殊需求两个因素影响，必须在仓库中保有一定量的安全库存而定的，如图 3 – 5 示。

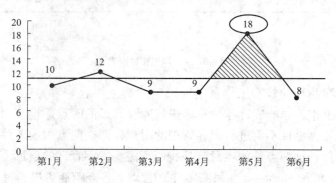

图 3 – 4　市场需求起伏不定示意图

一般安全库存周期建议 S/S =（L/T + O/C）×0.7，则安全库存 = 月均需求 × 安全库存周期。

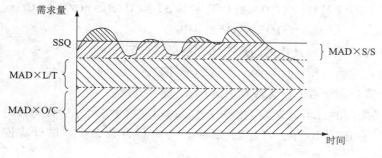

图 3-5　安全库存图解

3. 影响最低安全库存量的因素

一个配件的最佳库存量是多少？库存量小了，不能保证及时供货，影响顾客的使用和企业的信誉；库存量大了，资金占有量增加，资金周转慢，影响企业的经济效益。因此，制定最低安全库存量很重要。

影响最低安全库存量的因素有：

① 订货周期。国外订货周期一般为 2～3 个月（船运期货 3 个月，空运订货 15 天左右），但空运件的价格是船运的两倍；国内订货周期则因地而异。

② 月平均销量。必须掌握某种配件近 6 个月的销量情况。

③ 配件流通级别。如丰田公司建议快流件的最低安全库存量为前 6 个月销量，中流件和慢流件的最低安全库存量为前 3 个月销量。

二、确定订货原则

建议采取大－大订货原则，如图 3-6 所示，这是在丰田供应体制下推行的一种订货方式。使用大—大原则进行零件库存补充管理，需要在每次订货时点发出订货单，这就可以减少零件库存深度。通过按时订货，不断补充库存到最大库存量。此订货方式的好处是管理精度高，可减少安全库存天数，较小的每单订货数量，易于操作。

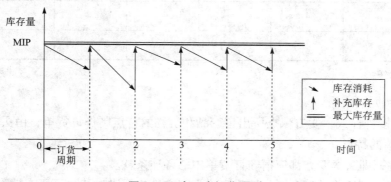

图 3-6　大－大订货原则

三、订货量计算

推荐订货计算公式如下：

$$SOQ = MAD \times (O/C + L/T + S/S) - (O/H + O/O) + B/O$$
$$= SSQ - (O/H + O/O) + B/O$$

式中，O/H——在库数，指订货时的现有库存数量；

O/O——在途数，指已订货尚未到货的配件数；

B/O——客户预订数，指无库存、客户预订的配件数。

【案例】：某配件的月均需求如上图所示，每月订货两次，订货日为每月 15 日、30 日，到货期 1 个月，在途数 10 个，在库数 12 个，客户预订数 5 个。试计算该配件订货数为多少？

解：由图可知该配件的月均需求 MAD = (10 + 12 + 9 + 9 + 18 + 8)/6 = 11（个）；由题可知每月订货两次，故订货周期 O/C 为 0.5，则：

$$订货量 SOQ = MAD \times (L/T + O/C + S/S) - (O/H + O/O) + B/O$$
$$= 11 \times (1 + 0.5 + 1.5 \times 0.7) - (12 + 10) + 5 = 11（个）$$

通过计算建议订货量，就能准确把握每项零件的订货数量，控制好库存深度。实际订货每个月根据配件实际库存量、半年内销售量及安全库存量等信息，由计算机根据上述公式计算出一份配件订货数量，配件计划员再根据实际情况进行适当调整。

四、编制订货计划

订货计划按时间分为年度、半年、季度和月计划四种，一般以季度为主。

1. 订货计划表

订货计划表见表 3－2。

表 3－2　某商店进货计划表

部（组）别：　　　　　　　　年　　月　　日　　　　　　　　金额单位：元

品名	编号	产地	单位	单价	订货数量	合计金额	备注

部（组）主任：　　　　　　　　　　　　　　　　　　　　　计划员：

2. 订货单的格式

订货单有多种样式，卖方依据所出售产品和货物的特点制作订货单，由买卖双方填写。

1）订货单的特点

① 协约性，即买卖双方都应信守订货单中的各项条款。

② 严肃性，订货单具有合同的性质，买卖双方都应严肃对待，不可有欺诈行为。

2）订货单的结构和写法

订货单种类繁多，结构灵活多样，写法上也没有严格的规定。如表 3－3 所示。

表 3 - 3 订货单

零件号码	83540 398 00ZA			广州 HONDA PARTS			
零件名称	左侧盖板（R4C）						
登录日期	进货价格	销售价格	零件位置号				
95/07/01	192	240	COB12				
日期	接受订货	进货	发货	库存	配送方式	配送地点	支付方式
买卖双方的信息：							
备件部确认签字或盖章：							

订货单的一般结构是：标题＋正文＋尾部。

（1）标题

标题写法比较灵活，可以是"货物名称＋文种"、"单位名称＋文种"，或者只写"文种"。

（2）正文

① 买卖双方信息。如公司名称、联系人、邮政编码、单位地址、电话号码、传真号码、电子邮件地址等。

② 订货信息。如零件号码、零件名称、零件进/销价格、订货数量、库存量等。

③ 配送方式及配送地点信息。

④ 支付方式及银行账户。

⑤ 买方的意见和要求。

（3）尾部

经办人签字或加盖公章及成文日期。

对报价进行分析并选择供应商后，就要发出订单，具体格式如表3-5所示。

（4）注意事项

① 语言准确，表达清楚。

② 忠实于洽谈内容。

单元 3 汽车配件货源鉴别

单元要点

1. 货源鉴别的常用工具。
2. 汽车配件质量的鉴别方法。
3. 订购进口汽车配件应注意的问题。

 **相关知识**

汽车配件质量的鉴别很重要，直接影响服务质量和客户的满意度及维修水平，因此，配件人员要熟悉汽车结构及一般制造工艺和材质等知识，能正确运用检验标准，凭多年积累的经验鉴别汽车配件质量，配件管理人员在入库、出库及每次买卖备件都要留意检查。

一、货源鉴别的常用工具

汽车配件质量的优劣，关系到消费者的利益和销售企业的商业信誉以及维修企业维修水平、维修质量的发挥，但配件产品涉及范围广，要对全部配件作出正确和科学的质量结论，所需的全部测试手段是中、小型汽配企业难以做到的。可以根据企业的实际情况，添置必备的技术资料，如：所经营主要车型的图纸、汽车零配件目录、汽车电子零配件目录和质保书、使用维护保养说明书及各类汽车技术标准等，这些资料都是检验工作的依据。购置一些通用检测仪表和通用量具，如：游标卡尺、千分尺、百分表、千分表、量块、平板、粗糙度比较块、硬度计以及汽车万用表等，以具有一定的检测能力。

二、汽车配件质量的鉴别方法

购买汽车配件要注意多"看"，看文件资料，看零件表面（或材料）的加工精度、热处理颜色等。首先要查看汽车配件的产品说明书及零件目录，产品说明书是生产厂进一步向用户宣传产品，为用户做某些提示，帮助用户正确使用产品的资料。通过产品说明，可增强用户对产品的信任感。一般来说，每个配件都应配一份产品说明书（有的厂家配用户须知）。电子零件目录是帮助专业人员用计算机管理系统正确查询或检索零部件的图号、名称、数量及装配位置、立体形状、价格等的技术资料。书本零件目录是人工检索汽车配件的工具。

1. 目视法

对于表面损伤的零件，如毛糙、沟槽、刮痕、明显裂纹、剥落、折断、缺口或破洞等损伤，以及零件的重大变形、弯曲、严重磨损、表面烧蚀、橡胶零件材料的变质等，都可以通过眼看或借助于放大镜观察、检验，以确定其是否需要修理或报废。

（1）汽车配件涂装工艺

现在一般都采用电熔浸漆、静电喷涂，甚至采用真空手段和高级静漆房喷涂。用目测法可以清晰地分辨出采用先进工艺生产出的零部件表面细腻、光泽鲜明；而采用落后工艺生产出的零部件表面是色泽黯淡、无光亮，表面有气泡和"拖鼻涕"现象，用手抚摸有砂粒感。

（2）镀锌技术和电镀工艺

镀锌工艺在汽车配件的表面处理中占较大的比例，汽车配件的铸铁件和可锻铸件、铸钢件、冷热板材冲压件等大多在表面进行镀锌处理。配件的表面若是白一块、红一块、黄一块交错混合在一起，一致性很差，这说明镀锌工艺是不过关的。镀锌工艺过关的，其表面是金光闪闪，全表面的一致性好；且批量之间的一致性也强，产品有持续稳定性。有人把高质量的镀锌称为"镀银"，其色明光亮，使人叫绝。

大工厂在电镀前进行的除锈酸洗过程要求严格，清酸比较彻底。目测时主要看其是否有泛底现象。对于镀铝、镀铬和镀镍产品可看其镀层、镀量和镀膜是否均匀，以此来分辨真伪优劣。

（3）电焊工艺

汽车配件中的减震器、钢圈、前后桥、大梁、车身等均有电焊焊接工序。大工厂采用的定量、定温、定速的自动化焊接工艺，能使产品焊缝整齐、厚度均匀，表面无波纹形、直线性好，即使是点焊，其焊点、焊距都很规则。

（4）橡胶制品

汽车上使用的橡胶件均有特殊的要求，如耐高温、耐油、耐压、复原性好等。橡胶件使用的原料是一种叫氯醇的配方，其原料成本比一般的橡胶件原料成本要高出很多，且对模具有强烈的腐蚀作用。因此，鉴别橡胶件的好与差时，表面乌黑光亮的不一定是好产品。这在实际销售过程中要观察辨别，积累经验。

2. 用简单技术手段鉴别汽车配件的方法

除了用经验法，如看配件表面硬度是否达标，看结合部位是否平整，看几何尺寸有无变化，看总成部件有无缺件，看转动部位是否灵活，看装配记号是否清晰，看胶接零件有无松动，看配合表面有无磨损等来鉴别汽车配件的质量外，还常用：

（1）敲击法

判定车上的部分壳体及盘形零件是否有不明显的裂纹，用铆钉连接的零件有无松动，检查合金与钢坯的结合情况如何时，可用小锤轻轻敲击并听其响声，如发出的金属声音清脆，说明零件的状况良好；如果发出的声音沙哑，可以判定零件有裂纹、松动或结合不良。

浸油锤击是一种探测零件隐蔽裂纹最简便的方法。检验时，先将零件浸入煤油或柴油中片刻，取出后将表面擦干，撒上一层白粉（滑石粉或石灰），然后用小锤轻轻敲击零件的非工作面。如果零件有裂纹，通过震动会使浸入裂纹的油渍溅出，裂纹处的白粉呈现黄色浅迹，便可看出裂纹所在。

（2）比较法

用标准零件与被检验的零件做比较，从对比中鉴别被检验零件的技术状况。

3. 假冒伪劣汽车配件的鉴别

在汽车配件方面，由于缺少对汽车配件专业的质量检测机构，因此，各职能部门对汽车配件质量的监管难以到位。一些修理者在修理时使用伪劣配件，偷换好的零配件，致使车越修问题越多。以假充真，以次充好的现象也非常普遍，将假冒伪劣汽车配件冒充原厂新配件使用，为消费者的操作使用埋下了安全隐患。

据交通部门提供的数据表明，在近 3 年的交通事故中，超期服役的汽车占 41.2%，使用伪劣零配件的占 13%。因此掌握一些鉴别假冒伪劣汽车配件产品的知识，对于从事汽车驾驶或零配件经营的人来说，十分有必要。一般来说，以下几点鉴别比较实用：

（1）看包装

原厂配件包装一般比较规范，统一标准规格，印字字迹清晰正规；而假冒产品包装印刷比较粗劣。有经验的汽车配件销售员，往往能很容易地从包装上找出破绽。

（2）看颜色

某些原厂配件表面指定某种颜色，若某零配件表面呈现其他颜色，则为假冒伪劣零配件。

（3）看外表

原厂配件外表印字或铸字及标记清晰正规；而假冒产品外观粗糙。

（4）看漆料

不法商人将废旧配件经简单加工，如拆、装、拼、凑、涂装等处理，再冒充合格品出售，非法获取高额利润。

（5）看质地

原厂配件的材料是按设计要求采用优质材料；假冒产品多是采用廉价低劣材料代用。

（6）看工艺

伪劣产品外观虽然不错，但由于制作工艺差，容易出现裂纹、砂孔、夹渣、毛刺或碰伤。例如，气缸垫挤压变形，使用时容易引起密封不严而烧蚀，导致漏油、漏气和漏水等现象；活塞及活塞环工作表面有毛刺容易拉缸。

（7）看储存

汽车配件如果出现干裂、氧化、变色或老化等问题，可能是存放环境差、储存时间长、材料本身差等原因造成的。

（8）看接合

如果发生离合器片铆钉松脱、制动皮管脱胶、电器零件接头脱焊、纸质滤芯接缝处脱开等现象，则该配件不能使用。

（9）看标识

有的正规的零部件上标有某些记号，如正时齿轮、活塞顶部等装配标记，用来保证机件正确安装，没有的不能购买。

（10）看缺漏

正规的总成部件必须齐全完好，才能保证顺利装车和正常运行。一些总成件上的个别小零件漏装，一般是"水货"，这会给装车造成困难。往往因个别小配件短缺，造成整个总成部件报废。

（11）看防护层

为了便于保管，防止零件磕碰，零件出厂之前都有防护层。如缸套、大小轴瓦、活塞、气门等一般都用石蜡保护，以免其表面损坏。这些重要的配件，表面若无防护层，多为

"水货"。

（12）看证件

一些重要部件，特别是总成类，如化油器、分电器、发电机等，出厂时一般带有说明书、合格证，以指导用户安装、使用和维护，若没有这些证件为假冒伪劣产品。

（13）看规格

选购汽车配件时，要查明主要技术参数，特殊技术要符合使用要求。有的假冒伪劣产品外观与真货相差无几，但安装完后不太合适，要么大点要么小点，使用起来总是不太满意，并给行车安全带来隐患。

4. 常见的假冒伪劣汽车配件的危害与鉴别

近几年来，在利益驱使下，各种假冒伪劣汽车配件充斥市场，假冒的汽车配件与正宗的商品虽然在外观上相差不大，但在内在质量和性能上悬殊，车辆装用假冒伪劣配件后会给车主造成极大的损失，轻者返工复修造成经济损失；重则危及行车安全，甚至造成交通事故。比如，有些机油的质量不过关，只会损坏发动机，使其使用期限降低，但如果刹车皮、油管造假，就不仅是汽车性能方面受到影响，严重的甚至会导致重大交通事故。据公安部交通管理局统计，最近几年全国每年发生的交通事故都在 30 万起以上。其中，有三成是刹车失灵造成的，而劣质刹车片又是造成刹车失灵的主要原因。了解一些常见的假冒伪劣汽车配件的危害与鉴别，对配件订货采购人员而言是非常必要的，如表 3 - 4 所示。

表 3 - 4　常见的假冒伪劣汽车配件的危害与鉴别

备件名称	纯正件特征	假冒件特征	使用假冒件危害
燃油滤清器	材料及工艺考究，滤纸质感好，粗细均匀，有橡胶密封条。能有效过滤汽油中可能存在的杂质颗粒，与燃油管匹配精确	构造粗糙，滤纸低劣，疏密不匀，无橡胶密封条。过滤效果差，与燃油管的匹配精度低	假冒汽滤过滤效果差，可能会引起汽油泵及喷油嘴等部件的过早损坏，导致发动机出现工况不良、动力不足及油耗增加等情况
	真假对比图		

备件名称	纯正件特征	假冒件特征	使用假冒件危害
机油滤清器	采用专业的滤纸材料，过滤性能良好，有可靠的回流阻止机构	内部材料及制造工艺粗糙，过滤性能差，无回流阻止机构或机构不可靠	假冒机滤由于过滤效果差，容易引起曲轴及轴瓦等主要部件的过早磨损，大大缩短发动机的使用寿命
	真假对比图片		
空气滤清器	制造材料优质，密封效果好，除尘效率高，为发动机发挥最佳工作性能提供保障	材料粗糙，过滤效果差，匹配精度低，不能有效地滤除空气中的悬浮颗粒物	假冒空滤密封效果差，杂质颗粒容易被吸进发动机，轻则加速发动机气缸和活塞的磨损，重则造成汽缸拉伤，缩短发动机的使用寿命
	真假对比图片		

备件名称	纯正件特征	假冒件特征	使用假冒件危害
火花塞	采用了优质金属材料,侧面电极是一体加工完成的,并非焊接上去,间隙均匀,采用了优质金属材料,导热性能出色,即使在车速到达 200 km/h 电极的温度也只有 800 ℃。内部都会有专门设计的电阻,以减少外界电波的干扰	绝缘材质差,甚至有气孔,防导电的性能也相对较弱,并且内部一般不会安装电阻,所以容易受到外界电波干扰。电极间隙一般不够均匀,绝缘体使用的材料也不够好,导热性能差。时速超过 130 km/h 后电极温度已到达 1 100 ℃,临近电极熔断点	由于火花塞的工作环境是高温高压,所以伪劣产品的电极非常容易烧蚀,造成电极间隙过大,火花塞放电能量不足,结果就是冷启动困难,发动机内部积碳增多,起步、加速性能下降,油耗增加
	真假对比图片		
刹车片	正规厂家生产的刹车片,包装印刷比较清晰,上有许可证号,还有指定摩擦系数、执行标准等。而包装盒内则有合格证、生产批号、生产日期等。采用先进材料制作而成,可最大限度地降低刹车盘的磨损和热损;制动性能稳定可靠保证车辆能安全、精准地停车	厚度及形状通常与真品不一致,材质手感粗糙,噪音和震动大,质量和制动性能不稳定	使用假冒刹车片,可能引起制动力不足或制动失灵等情况发生,导致车辆不能正常制动,危害安全行车
	真假图片对比		

续表

备件名称	纯正件特征	假冒件特征	使用假冒件危害
正时皮带	采用优质复合材料制作，无明显气味，制造工艺精良，匹配精度高，抗疲劳性能强	制造材料及工艺粗糙，有一股臭胶味，匹配精度差，容易磨损和断裂	假冒正时皮带使用寿命短，影响发动机工况，高速行驶时安全隐患较大
大灯	从外观上看，正品表面光洁，角度准，而假冒品表面粗糙，不易安装，伪劣产品质量很差，如配光性能不合格、光学性能差，汽车在特殊条件下行驶的安全性将受到很大影响。劣质大灯灯内产生雾气、亮度不足、焦距不集中、射程太近，严重影响行车安全。劣质灯具本身密封不严，在雨天行驶或洗车时，水渗入灯内易生锈，造成线路短路着火烧车		
防冻液	假防冻液外包装非常逼真，但在打开瓶盖后瓶颈上有溢漏的痕迹，这是因为制假厂家灌装设备达不到标准，真防冻液无溢漏状况。假防冻液腐蚀性过大，危害严重，甚至出现腐蚀发动机缸体的情况		
制动总泵	正品有色标、生产编号，外观粗糙，内部精细，制动皮碗耐腐蚀，制动性能好；假冒产品则表面光洁内部不精细，无色标，无编号，皮碗耐腐蚀差，制动性能差，影响行车安全		

三、订购进口汽车配件应注意的问题

近年来，为适应市场经济发展的需要，我国进口汽车数量大增，进口汽车维修配件的订购、供应品种、交货期、质量、价格等方面一直是令广大进口汽车配件经营部门、维修企业和用户困惑的问题。由于进口汽车车牌、型号繁杂，而某一具体车型的全国保有量又不多，国内汽车零部件厂不愿花费太多精力去研制生产，因此造成进口汽车配件一时成为紧俏商品，除正常渠道进口的配件外，各种假货、水货投进国内市场。为使广大进口汽车配件经营企业和用户正确订购和使用进口汽车配件，作为一个汽车配件进货员，首先必须了解进口汽车配件的订购和验收中应注意的问题。

1. 必须认真掌握进口汽车各类不同车型的技术情况

国外汽车多是按系列化生产的，每个系列有多种车型，每种车型又有它特定的底盘号和

发动机号，每个车型系列都有固定的发动机型号，而且大部分车型（尤其是轻型车及轿车）为适应世界各地的地理、气候条件以及顾客的需要，对散热系统、变速器及制动方式等采取不同的装置，这些装置形式一般在汽车进口成交合约的附件——技术说明书中详细记载。技术说明书很重要，因此无论编制需要量计划，或办理进口业务，都必须提供这些车辆的详细技术情况，只有掌握了这些基本技术情况，才能做到按需进口，适销对路，货尽其用，防止损失和浪费。

2. 建立进口车辆的技术档案才能掌握变型动态

由于我国进口汽车的厂牌车型繁多，其中有的虽为同一车型，但生产年份不同，很多部件设计已经变更，新老车型，不能互换，故必须分厂、分车型、分年型将各自的技术情况以档案形式分别记载。主要是：具体的车型和该车型的底盘号、发动机号。它们代表着该车型的具体生产年月，因此极为重要。在向国外订购时，要确认和认真填写下列诸要素：发动机型号应包括气缸数、缸径、活塞排量、最大功率、最大转矩；电系应包括电压、发电机千瓦数或安培数，电动机千瓦数；离合器应包括摩擦式或液力传动式；变速器应包括型号、排挡数、每挡速比或齿数比，机械操纵式或自动式，变速杆位置在转向柱上或在底板上；制动方式应包括真空助力液压式、空气助力液压式或空气制动式，手制动器位置在变速器后或在后轮；转向器应包括左边或右边驾驶，以及机械式或液压助力式；前轴应包括独立悬挂式、工字梁式或前驱动式；后轴包括单级减速式、二级减速后加力式等等。有了这样的车辆变型技术档案，才能使我们掌握住第一手资料，对编制进口配件计划提供可靠的依据。如有一字之差，就容易造成面目全非，积压浪费将难以避免。

3. 要正确使用原厂配件编号（俗称图号）

有了各种车型的技术档案，只是给编制进口配件计划提供了依据，在正式订购单上，还应认真填写原厂的正确零件编号，这些编号来自原零件目录，每个零件编号代表着客户所需要的零件。按照车辆技术档案记载的情况，在有关车型的零件目录中都可查到相应的零件编号。甚至原厂零件编号比零件名称更为重要，稍有疏忽写错了零件编号，将导致订货错误。当货到后，发现不是所需要的零件时，很难索赔。

所以在编制进口汽车配件需要量的计划前，一是要查明进口车型的准确型号、发动机型号、出厂年份，有的还要查明发动机和底盘号；二是要掌握零件标准名称和原厂零件编号，并且要认真核对，确信无误后，方可填到订购单上去。

单元4 汽车配件采购合同

单元要点

1. 购销合同的内容。
2. 购销合同的形式。
3. 购销合同的签订与履行。

 相关知识

一、合同概述

合同是双方当事人之间为实现某特定目的而确定、变更、终止双方债权关系的协议。合同具有以下几个特征：

① 订立合同的双方当事人法律地位平等。首先是要求主体在平等的基础上充分协商，自愿订立合同，合同的内容要反映当事人的真实意愿，不是另一方强迫与自己订立合同的；其次是合同当事人无论是法人、其他组织还是公民，也无论其所有制和隶属关系如何，在订立合同时双方的法律地位也都是平等；再次，法律地位平等还要求合同当事人双方平等地享受权利和承担义务。

② 合同是当事人之间意思表示一致的结果。

③ 订立合同是一种法律行为，合同的内容必须是合法的，否则合同无效。

④ 合同具有法律效力。双方必须履行合同所规定的各自义务。合同的法律效力主要体现在两个方面：其一合同一经成立，就受到国家法律的保护，当事人必须履行，其二对于依法成立的合同，当事人任何一方不得擅自变更或解除，否则就要承担违约责任。

汽车配件人员常遇的书面合同有购销合同、运输合同、保险合同等，其中最主要的是汽车配件购销合同。

二、购销合同

购销合同在汽车配件采购中起着决定性的作用，下面以××公司与××公司签订的某购销合同为例，讲解购销合同的内容与格式。

购销合同范例

一汽速腾汽车配件购销合同

合同编号：200900031

卖方：×××汽车配件经销有限公司

买方：×××汽配销售公司

为保护买卖双方的合法权益，买卖双方根据《中华人民共和国合同法》的有关规定，经友好协商，一致同意签订本合同，共同遵守。

一、货物的名称、数量及价格

标的名称	牌号商标	规格型号	计量单位	数量	单价	金额	交（提）货时间及数量
水泵	速腾	L06A121011Q	套	30	360.00	10 800.00	2009 年 7 月 6 日
氧传感器	速腾	06A906262DH	个	5	1 230.00	6 150.00	2009 年 7 月 6 日
合计人民币金额（大写）：壹万陆仟玖佰伍拾元整							

二、质量要求和技术标准：参照 IBM 公司的相关产品技术标准

三、接货单位（人）：沈阳华盛汽配销售公司

卖方指定本合同项下的货物的接货单位为：沈阳华盛汽配销售公司

地址：沈阳市新城区南环路 63 号

四、联系人：王成 传真：024-85541019 联系电话：024-85541010

五、交货的时间及地点、方式及相关费用的承担

1. 交货时间：2009 年 07 月 06 日

2. 交货地点：沈阳市新城区南环路 63 号沈阳华盛汽配销售公司

3. 运输费用：2 586 元，由买方承担

六、合同总金额：RMB：19 536 元

合同总金额为人民币：壹万玖仟伍佰叁拾陆元整

七、付款方式和付款期限

交货当日内，买方向卖方支付全部合同金额即：RMB：19 536 元

八、货物的验收

自产品交货后三日内，买方应依照双方在本合同中约定的质量要求和技术标准，对产品的质量进行验收。验收不合格的，应即向卖方提出书面异议，并在提出书面异议后三日内向卖方提供有关技术部门的检测报告。卖方应在接到异议及检测报告后及时进行修理或更换，直至验收合格。在产品交付后三日内，卖方未收到异议或虽收到异议但未在指定期限内收到检测报告的，视为产品通过验收。

九、接收与异议

采用代办铁路托运方式交货，买方对产品、规格型号、数量有异议的，应自产品运到之日起七日内，以书面形式向卖方提出。

买方因使用、保管、保养不善等造成产品质量下降的，不得提出异议。

上述拒收或异议属于卖方责任的，由卖方负责更换或补齐。

十、合同的生效和变更

本合同自双方签字盖章时生效，在合同执行期内，买卖双方均不得随意变更或解除合同，如一方确需变更合同，需经另一方书面同意，并就变更事项达成一致意见，方可变更。如若双方就变更事项不能达成一致意见，提议变更方仍应依本合同约定，继续履行，否则视为违约。

十一、争议的解决

在执行本合同过程中，双方如若发生争议，应先协商解决，协商不成时，任意一方均可向卖方所在地人民法院提起诉讼。

十二、其他

按本合同规定应该偿付的违约金、赔偿金及各种经济损失，应当在明确责任后十日内支付给对方，否则按逾期付款处理。

本合同壹式贰份，双方各执壹份，具有同等法律效力。

卖方：吉林省瑞诚汽车配件经销有限公司	买方：沈阳华盛汽配销售公司
授权代表：李明	授权代表：王成
开户银行：吉林省长春市建设银行富豪分理处	开户银行：沈阳市建设银行新城区分行
账号：1000000020001346	账号：2340000000000101
地址：长春市朝阳区开运街 2 号	地址：沈阳市新城区南环路 63 号
2009 年 07 月 06 日	2009 年 07 月 06 日

1. 购销合同的内容

一份完整的购销合同包含很多内容，从大的方面可以分为三个部分：开头、正文、结尾。

（1）合同开头

① 合同吉林省瑞诚汽车配件经销有限公司长春市朝阳区开运街 2 号的名称。如一汽速腾汽车配件购销合同。

② 合同的编号。如 200900031。

③ 买卖双方企业或个人的名称和地址，如果是自然人就应写明其姓名和住所。如吉林省瑞诚汽车配件经销有限公司长春市朝阳区开运街 2 号。

④ 签订的地点。如在卖方地点：吉林省瑞诚汽车配件经销有限公司长春市朝阳区开运街 2 号。

⑤ 签订的时间。如 2009 年 07 月 06 日。

（2）合同正文

① 标的。采购的对象是合同的标的物。采购物品的大类、明细分类、规格、型号、等级、花色等应明确、具体、清楚地写出。例如前面购销合同中的一汽速腾水泵总成和氧传感器。

② 货物数量条款。数量是必备条款，没有数量，合同是不能成立的。许多采购合同，只要有了标的物和数量，即使对其他内容没有规定，也不妨碍合同的成立与生效。因此，数量是合同的重要条款。数量是衡量标的物和当事人权利义务大小的尺度，指的是采购数量和交货数量，数量要采用国家规定的计量单位和方法。例如前面购销合同中的氧传感器 5 个。

③ 货物质量条款。质量是标的物的内在素质和外在形态优劣的标志，合同中应当对质量问题尽可能地规定细致、准确和清楚。国家有强制性标准规定的，必须按照规定的标准执行。如有其他质量标准的，应尽可能约定其适用的标准。当事人可以约定质量检验的方法、质量责任的期限和条件、对质量提出异议的条件与期限等。例如前面购销合同中的质量要求和技术标准：参照 IBM 公司的相关产品技术标准。

④ 货物价格条款。价格的确定，要符合国家的价格政策和法规，如果有政府定价和政府指导价的，要按照规定执行。价格应当在合同中规定清楚，或者明确规定计算价款或者报酬的方法。有些合同比较复杂，货款、运费、保险费、保管费、装卸费、报关费以及一切其他可能支出的费用由谁支付都要规定清楚。并在合同中写明，价款结算的币种、单价、总价，价款的结算除国家规定允许使用现金外，应通过银行办理转账或票据结算。例如前面购

销合同中的合同总金额为人民币：壹万玖仟伍佰叁拾陆元整。付款方式和付款期限为：交货当日内，买方向卖方支付全部合同金额即 RMB：19 536 元。

⑤ 货物运输方式。运输方式可以分为公路运输、铁路运输、海上运输、航空运输等。例如前面购销合同中的代办铁路托运方式。

⑥ 支付条款。包括支付方式、结算方式等。如现金结算、转账结算、同城转账结算、异地转账结算、托收承付、支票结算、委托付款、限额支票、信用证、汇兑结算、委托收款等。支付方式与当事人的利益密切相关，应当从方便、快捷和防止欺诈等方面考虑采取最为适当的履行方式，并且在合同中明确规定。例如前面购销合同中的现金结算。

⑦ 交货地点。交货地点是指当事人履行合同义务和对方当事人接受履行的地点。不同的合同，履行地点有不同的特点。如采购合同中，买方提货的，在提货地交货；卖方送货的，在买方收货地履行。交货地点也是在发生纠纷后确定由哪一地法院管辖的依据。因此，交货地点在合同中应当规定得明确、具体。例如前面购销合同中的交货地点为沈阳市新城区南环路 63 号沈阳华盛汽配销售公司。

⑧ 检验条款。采购方应对购入的货物进行检验，要根据货物的生产类型、产品性能、技术条件的不同，采取感官检验、理化检验、破坏性检验等方法，双方应在合同中约定检验的标准、方法、期限以及索赔的条件。例如前面购销合同中的货物的验收：自产品交货后三日内，买方应依照双方在本合同中约定的质量要求和技术标准，对产品的质量进行验收。

⑨ 违约责任。违约责任是指当事人一方或者双方不履行合同或者不适当履行合同，依照法律的规定或者按照当事人的约定应当承担的法律责任。违约责任在合同中非常重要，因此，有关合同的法律对于违约责任都已经做出较为详尽的规定。为了保证采购合同义务严格按照约定履行，为了更加及时地解决合同纠纷，可以在合同中约定违约责任，如约定定金、违约金、赔偿金额以及赔偿金的计算方法等。例如前面购销合同中的按本合同规定应该偿付的违约金、赔偿金及各种经济损失，应当在明确责任后十日内支付给对方，否则按逾期付款处理。

⑩ 解决争议的方法。解决争议的方法指合同争议的解决途径，主要有：一是双方通过协商和解，二是由第三人进行调解，三是通过仲裁解决，四是通过诉讼解决。当事人可以约定解决争议的方法，如果意图通过诉讼解决争议是不用进行约定的，通过其他途径解决都要事先或者事后约定。对于不可抗力的事故，当事人要出具事故证明的机构和事故发生后通知对方的期限等。例如前面购销合同中的在执行本合同过程中，双方如若发生争议，应先协商解决，协商不成时，任意一方均可向卖方所在地人民法院提起诉讼。

（3）合同结尾

① 合同份数及生效日期。

② 签订人的签名。

③ 采供双方的公司公章。见前面的购销合同。

2. 购销合同的形式

《合同法》第十条规定："当事人订立合同，有书面形式、口头形式和其他形式。"

（1）口头合同

口头形式合同指双方当事人之间通过对话约定双方权利义务关系而订立的合同。对话的形式有面对面的接触、电话的沟通、网络语音（视频）的交流。它的优点是：当事人建立合同关系简便、迅速，易行。但是口头合同发生纠纷时，当事人举证困难。

（2）书面合同

《合同法》第十一条规定："书面形式是指合同、信件和电文（包括电报、电传、传真、电子数据交换和电子邮件）等可以有形地表现所载内容的形式。"书面合同权利义务记载清楚，便于履行，发生纠纷时容易举证和界定责任。

书面合同是采购活动中运用最广泛的一种合同形式，它有以下几种分类：

① 合同书。合同书是记载合同内容的文字。当事人采用合同书形式订立采购合同的，自双方当事人签字或者盖章时合同成立。

② 信件。信件是当事人就记载于纸张上的合同内容往来的普通信函。它与电子邮件不同。在采购合同中，经常是当事人在签订合同书的基础上，又围绕合同条款发生一系列信件往来，这些信件构成书面合同形式的一部分。

③ 数据电文。数据电文是与现代通信技术相联系的书面形式，包括电报、电传、传真、电子邮件。它们通过电子形式来传递信息，构成明确、可靠的书面资料。合同中的电子签名保证了合同的有效性。这种合同在远程采购时比较多见，如涉外采购就是其中的一种。

④ 确认书。确认书是通过信笺和数据电文的方式订立采购合同时，在承诺生效之前，当事人以书面形式对合同内容予以确认的文件。它实质上是一种合同书的形式。《合同法》第三十三条规定："当事人采用信件、电文等形式订立合同的，可以在合同成立之前要求签订确认书，签订确认书时合同成立。"

（3）其他形式

这是指当事人未用语言、文字表达其意思表示，而是通过其行为推定或默认合同成立的形式，称为推定或默认形式。例如某商店安装自动售货机，顾客将规定的货币投入机器内，买卖合同即成立。

3. 购销合同的签订与履行

根据《合同法》第三、四、五、六、七条的规定，采购合同的签订应当按照平等原则、自愿原则、公平原则、诚实信用原则、遵守法律及行政法规和尊重社会公德的原则进行。

订立采购合同的目的是让买卖双方的行为都受到一定的约束，以保护双方的利益不受侵害，一份好的采购合同对双方都是平等的、公正的。

采购合同生效后，当事人对质量、价款、履行期限和地点等内容没有约定或约定不明确的，可以协议补充；不能补充协议的，按照合同有关条款或者交易习惯确定。

4. 合同的变更与解除

经济合同依法成立后，即具有法律约束力，任何一方不得擅自变更或解除。但是，在一定条件下，当事人在订立经济合同后，可通过协商或自然地变更或解除合同。

思 考 题

一、判断题

1. 采购是从许多对象中选择若干个商品的过程。

2. 汽车配件进货渠道可按 A，B，C 顺序选择。

3. 汽车配件销售企业在组织进货时主要采用分散进货的方式。

4. 组织进货时，要贯彻"五进、四不进、三坚持"的原则。

5. 配件订货追求的目标是："良性库存"。

二、简答题

1. 汽车配件如何实现良性库存？

2. 汽车配件的流通级别怎样确定？

3. 影响最低安全库存量的因素是什么？

4. 一般采取什么原则来确定订货？

5. 根据某企业的配件的订货周期及库存量制定出正确的订货计划。

学习任务 4

汽车配件仓储管理

🚗 学习目标

通过本学习情境的探讨，要求学生具备以下能力：

1. 叙述汽车配件的仓储管理流程。
2. 知道汽车配件的账册、单据与统计管理内容。
3. 根据汽车配件分类养护规范完成对各种类配件的保管。
4. 正确利用 ABC 分析法完成对库存配件的管理。

🚙 任务描述

案例：客户张先生的捷达车进行发动机修理，急需购买活塞组件。他来到位于修配厂附近的长春市迅驰汽配经销店购买。新员工小王先是检索到有活塞组件。账本显示它放置在5－1－3货位。可是小王来到库房，面对众多的货架，找了半天，也无法确定活塞放置位置，最终使客户不耐烦地离开。第二天，商店购进一批汽车零部件，经理让小王把经过验收的配件堆码好，并进行盘点库存。面对如此多的一批发动机配件，小王感到无从下手。作为汽配经销店的工作人员的你，为了满足顾客的需求，应该怎样找到汽车配件呢？汽车配件的分区分类、货位编写、货物堆码、盘点和库存调整是汽车配件仓储管理的常规性工作，那么，具体到某一环节，又如何操作呢？

单元 1 汽车配件仓储管理概述

为了顺利地进行仓库作业活动，使人、设备和物资三要素，很好地协调配合，为消灭浪费，防止由于不量力而行和不平衡造成失误而进行的一系列管理活动，称为仓库作业管理。仓库管理的性质，决定了仓库管理与一般工业生产管理不同。一般工业品生产的过程，是从准备生产某种工业产品开始到把产品生产出来为止的全部过程。仓库作业管理的过程，是从物资入库开始，到把该批物资发出去为止的全部过程，主要是围绕着物资进库、保管和保养、出库为中心开展的一系列活动。

汽车配件销售企业的仓库作业管理，就是以汽车配件的入库、保管、保养和出库为中心所开展的一系列活动，具体包括汽车配件的入库验收、保管、维护保养、发货，账册、单据与统计管理等工作。另外还有科学管理的问题，科学管理要渗透到仓库作业管理的各个方面，要以最少的劳动力、最快的速度、最少的费用取得最佳的经济效益，以达到保质、保量、安全、低耗地完成仓库作业管理的各项工作任务。

汽车配件仓储管理包含两方面的内容：配件的保管和配件的养护，而配件保管又包括配件的入库验收、在库管理和出库验收三方面。配件的养护包含配件本身的维护保养和外在的环境影响因素。

 **单元要点**

1. 汽车配件仓储的作用和任务。
2. 汽车配件仓储管理人员的职责。

相关知识

一、仓储的作用

1. 保证汽车配件使用

汽车配件销售企业的仓库是服务于用户的，是为本企业创造经济效益的物资基地。仓库管理的好坏，是汽车配件能否保持使用价值的关键之一。如果严格地按照规定加强对配件的科学管理，就能保持其原有的使用价值，否则，就会造成配件的锈蚀、霉变或残损，使其部分、甚至是全部失去使用价值。所以加强仓库科学管理，提高保管质量，是保持所储存汽车配件价值的重要手段。

2. 为用户提供配件服务

用户需要各种类型的汽车配件，汽车配件销售企业在为用户服务过程中，要做大量的工作，最后一道工序就是通过仓库保管员，将用户所需要的配件发给用户，满足用户的需求，以实现销售企业服务交通运输、服务用户的宗旨。

二、仓储的任务

仓库管理的基本任务，就是搞好汽车配件的进库、保管和出库工作。在具体工作中，要求做到保质、保量、及时、低耗、安全地完成仓库保管工作的各项任务，并节省保管费用。

1. 保质

保质就是要保持库存配件的原有使用价值。为此，必须加强仓库科学管理，在配件入库和出库的过程中，要严格把关，凡是质量或其包装不合乎规定的，一律不准入库和出库；对库存配件，要进行定期或不定期检查或抽查，凡是需要进行保养的配件，一定要及时进行保养，以保证库存配件质量随时都处于良好状态。

2. 保量

保量是指仓库保管按照科学的储存原则，实现最大的库存量。在汽车配件保管活动中，变动的因素较多，比如配件的型号、规格、品种繁多，批次不同，数量不一、长短不齐、包装有好有坏，进出频繁且不均衡，性能不同的配件保管要求不一致等，要按不同的方法分类存放。同时既要保证便于进出库，又要保证储量，这就要求仓库保管员进行科学合理的规划，充分利用有限的空间，提高仓容利用率。

同时要加强对配件的动态管理，配件在入库和出库过程中，要严格执行交接点检验制度，不但要保证其质量好，而且要保证数量准确无误，对库存配件一定要坚持"有动必对、日清月结"，定期盘点，认真查实，保证库存配件随时做到账、卡、物"三相符"。

3. 及时

配件在入库和出库的各个环节中，在保证工作质量的前提下，都要体现一个"快"字。在入库验收过程中，要加快接货、验收、入库速度；在保管保养过程中，要安排便于配件进出库的场地和空间，规划货位和垛型，为快进、快出提供便利条件；在配件出库过程中，组织足够的备货力量，安排好转运装卸设备，为出库创造有利条件。对一切繁琐的、可有可无的手续，要尽量简化，要千方百计压缩配件和单据在库停留时间，加快资金周转，提高经济效益。

4. 低耗

低耗是指配件在库保管期间的损耗降到最低限度。配件在入库前，由于制造商或运输、中转单位的原因，可能会发生损耗或短缺，所以应严格进行入库验收把关，剔除残次品，检查短缺数量，并做好验收记录，明确损耗或短缺责任，以便为降低保管期间的配件损耗、短缺创造条件。配件入库后，要采取有效措施，如装卸搬运作业时，要防止野蛮装卸，爱护包装，包装损坏了要尽量维修或者更换；正确堆码苫垫，合理选择垛型及堆码高度，防止压力不均倒垛或挤压产品及包装。对上架产品，要正确选择货架及货位。散失产品能回收应尽量回收，以减少损失，千方百计降低库存损耗。同时要制定各种产品保管损耗定额，限制超定额损耗，把保管期间的损耗降到最低。

5. 节省费用

节省费用是指节省配件的进库费、保管费、出库费等成本。为达此目的，必须充分发挥人的智慧和作用，加强仓库科学管理，挖掘现有仓库和设备的能力，提高劳动生产率，把仓库的一切费用成本降到最低水平。

6. 保安全

保安全指做好防火灾、防盗窃、防破坏、防工伤事故、防自然灾害、防霉变残损等工作，确保配件、设备和人身安全。

三、仓储管理人员的职责

仓库保管员是进行仓库管理的主要力量，绝不可将仓库保管工作看成是简单的收发和进出。为圆满完成仓库保管任务，适应汽车配件保管单位的要求，仓库保管员应履行以下岗位职责：

1. 认真验收入库

检查汽车配件的包装和品名、规格、型号、单价、产地、数量及质量是否合乎规定要求，发现问题，及时与有关方面联系，并进行处理。

2. 完善手续

汽车配件管理要有条理，严格按照各项要求进行管理，做好保管、保养和出库发运工作，严格遵守各项手续制度，做到收有据、发有凭证，及时准确登账销账，手续完备，把好收、管、发三关。

3. 管理规范

汽车配件出库要做到先进先出，品名、规格、型号、单价、产地、数量无误，包装完好，地点（即到站，收货单位、发货单位）清晰，发货及时。对发货后的库存量，做到有动必对，卡物相符。

4. 加强业务学习

了解汽车的基本结构以及汽车材料基础知识，不断提高物资保管业务水平；能正确使用常用计算工具、量具和测试仪器；熟悉分管配件的质量标准，能识别配件质量的明显变化；懂得主要易损、易耗配件的使用性能、安装部位及使用寿命。

5. 合理规划、保管

正确运用配件合理分区、分类管理办法，不断提高配件储存规划的科学程度，合理地保管配件。熟悉分管库房的储存定额；熟悉堆码、苫垫技术；在库容使用上做到货位安排合理、利用率高、安全牢靠、进出畅通、方便收发，便于清理对账和检查。

6. 不断提高保管、保养技术水平

根据分管配件的保管要求，不断提高保管、保养技术水平。针对配件的特性和库房温度、湿度的变化，采取相应的密封、通风、降温、防潮、防腐、防霉变、防锈、防冻、防高温、防鼠咬虫蛀、防台风、防水涝，创造文明卫生的保管环境，确保配件不受损失。同时，负责保管好罩苫用品和包装物以及生产用的各种工具。做到合理使用、妥善保管，尽量延长其使用寿命，节约费用开支，降低成本。

7. 经常盘点检查库存

经常或定期盘点检查库存物资，做到数量准确，质量完好。熟练准确地填表、记账、对账盘点，保证账、卡、物"三相符"；对于超保本期，特别是那些长期积压的呆滞配件，按保本期管理办法，及时向有关部门和人员提出，催促其尽快处理。

8. 加强经济核算，改善经营管理

经常分析库房的利用率、各项储存定额和出入库动态；研究分析造成配件损耗和发生盈余的原因，加强经济核算，改善经营管理，采取积极有效办法，把损耗率降到最低限度。

9. 确保安全

时刻保持高度警惕，做好防火、防盗、防破坏的工作，防止各种灾害和人身事故的发生，确保人身、汽车配件及各种设备的安全。

10. 优质服务

树立热心为用户服务的思想，实事求是地处理好收、管、发中的问题，给用户提供及时、准确、保质保量的优质服务。

单元 2　汽车配件的保管

单元要点

1. 汽车配件入库管理。
2. 汽车配件在库管理。
3. 汽车配件出库管理。

相关知识

一、汽车配件入库管理

1. 入库验收

入库验收是配件进入仓库保管的准备阶段。入库的配件情况比较复杂，有的在出厂之前就不合格，如包装含量不准确、包装本身不合乎保管和运输的要求。有的在出厂时虽然是合格的，但是经过几次装卸搬运和运输，致使有的包装损坏、含量短少、质量受损，使有的配件已经失去了部分使用价值，有的甚至完全失去使用价值。这些问题都要在入库之前弄清楚，划清责任界限。一经验收入库，仓库保管工作就正式开始，同时也就划清了入库和未入库之间的责任界限。否则，配件在入库保管之后再发现质量、数量问题，就分不清责任，给企业造成不必要的经济损失。因此，搞好入库验收工作，把好"收货关"，就是为提高仓库保管质量打下良好的基础。

（1）入库验收的依据

① 根据入库凭证（含产品入库单、收料单、调拨单、退货通知单）规定的型号、品名、规格、产地、数量等各项内容进行验收。

② 参照技术检验开箱的比例，结合实际情况，确定开箱验收的数量。

③ 根据国家对产品质量要求的标准，进行验收。

（2）入库验收的要求

① 及时。验收要及时，以便尽快建卡、立账、销售，这样就可以减少配件在库停留时间，缩短流转周期，加速资金周转，提高企业经济效益。

② 准确。配件入库应根据入库单所列内容与实物逐项核对，同时对配件外观和包装认真检查，以保证入库配件数量准确，防止以少报多或张冠李戴的配件混进仓库。如发现有霉变、腐败、渗漏、虫蛀、鼠咬、变色、玷污和包装潮湿等异状的汽车配件，要查清原因，做出记录，及时处理，以免扩大损失，要严格实行一货一单制，按单收货、单货同行，防止无单进仓。

（3）入库程序

　　入库验收，包括数量和质量两个方面的验收。数量验收是整个入库验收工作中的重要组成部分，是搞好保管工作的前提。库存配件的数量是否准确，在一定程度上是与入库验收的准确程度分不开的。配件在流转的各个环节，都存在质量验收问题。入库的质量验收，就是保管员利用自己掌握的技术和在实践中总结出来的经验，对入库配件的质量进行检查验收。验收入库的程序如下：

　　① 点收大件。仓库保管员接到进货员、技术检验人员或工厂送货人员送来的配件后，要根据入库单所列的收货单位、品名、规格、型号、等级、产地、单价、数量等各项内容，逐项进行认真查对、验收，并根据入库配件的数量、性能、特点、形状、体积，安排适当货位，确定堆码方式。

　　② 核对包装。在点清大件的基础上，对包装物上的商品标志和运输标志，要与入库单进行核对。只有在实物、商品和运输标志、入库凭证相符时，方能入库。同时，对包装物是否合乎保管、运输的要求要进行检查验收，经过核对检查，如果发现票物不符或包装破损异状时，应将其单独存放，并协助有关人员查明情况，妥善处理。

　　③ 开箱点验。凡是出厂原包装的产品，一般开箱点验的数量为 5% ~ 10%。如果发现包装含量不符或外观质量有明显问题时，可以不受上述比例的限制，适当增加开箱检验的比例，直至全部开箱。新产品入库，亦不受比例限制。对数量不多而且价值很高的汽车配件以及非生产厂原包装的或拼箱的汽车配件、国外进口汽车配件、包装损坏或异状的汽车配件等，必须全部开箱点验，并按入库单所列内容进行核对验收，同时还要查验合格证。经全部查验无误后，才能入库。

　　④ 过磅称重。凡是需要称重的物资，一律全部过磅称重，并要记好重量，以便计算、核对。

　　⑤ 配件归堆建卡。要根据配件性能特点，安排适当货位。归堆时一般按"五五堆码"原则（即五五成行、五五成垛、五五成层、五五成串、五五成捆）的要求，排好垛底，并与前、后、左、右的垛堆保持适当的距离。批量大的，可以另设垛堆，但必须整数存放，标明数量，以便查对。建卡时，注明分堆寄存位置和数量，同时在分堆处建立分卡。

　　⑥ 上账退单。仓库账务管理人员，根据进货单和仓库保管员安排的库、架、排、号以及签收的实收数量，逐笔逐项记账，并留下入库单据的仓库记账联，作为原始凭证保留归档。另外两联分别退还业务和财务部门，作为业务部门登录商品账和财务部门冲账的依据。配件入库的全部过程到此结束。配件进货的过程中，单据与实物的流转情况见图 4 - 1。

　　2. 关于入库验收工作中发现问题的处理

　　① 在验收大件时，发现少件或者多出件，应及时与有关负责部门和人员联系，在得到他们同意后，方可按实收数签收入库。

　　② 凡是质量有问题，或者品名、规格串错，证件不全，包装不合乎保管、运输要求的，一律不能入库，应将其退回有关部门处理。

　　③ 零星小件的数量误差在 2% 以内、易损件的损耗在 3% 以内的，可以按规定自行处理，超过上述比例，应报请有关部门处理。

　　④ 凡是因为开箱点验被打开的包装，一律要恢复原状，不得随意损坏或者丢失。

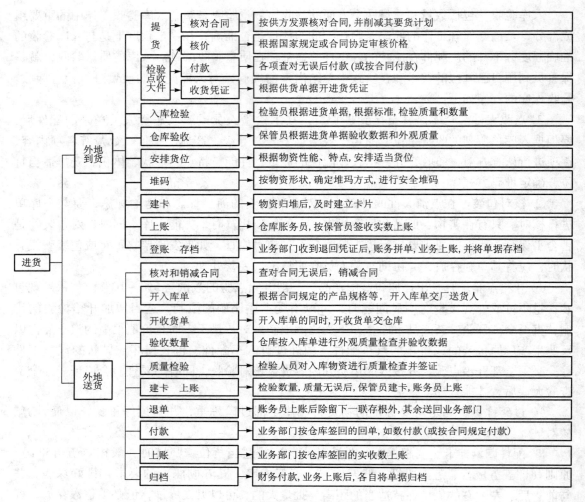

图 4-1　进货单据与实物流程

二、汽车配件的在库管理

为了充分发挥库房、保管员和设备的潜力，达到储存多、进出快、保管好、费用省的要求，应将进库储存保管的配件统一按部、系、品种或按车型系列的部、系、品种实行条理化和 ABC 法相结合的办法进行管理。

1. 实行条理化管理

所谓条理化管理，就是配件管理分类统一，安全堆码美观整齐，仓容利用经济合理，防尘、防潮、防高温、防照射，细致严密，卡物相符，服务便利，并存放好特殊的汽车配件。

（1）配件管理分类统一

①　按部、系、品种系列分库就是所有配件，不分车型，一律按部、系、品种顺序集中存放。例如，储存发动机系配件的库叫做发动机库；储存通用工具和通用电器的库叫做通用库。凡是品名相同的配件，不管是什么车型，都放在一个库内，这种管理方式的优点是仓容利用率高，而且比较美观，便于根据仓库的结构适当安排储存品种。缺点是顾客提货不太方

便，特别是零星用户提少量几件货，也要跑几个库，此外，保管员在收发货时，也容易发生差错。

② 按车型系列分库就是按所属的不同车型分库存放配件，例如东风、解放、桑塔纳等车型的配件，分别设东风牌汽车配件库、解放牌汽车配件库、桑塔纳汽车配件库等。这样存放，顾客提货比较方便，又可以减少保管员收发货的差错。缺点是仓容利用率较差，对保管员的业务技术水平也要求较高。

③ 在一个库区内同时储存属两个单位或两个以上单位的配件时，也可以按单位设专库位存，但是不论是按部、系、品种系列还是按车型系列，无论是按单位设专库储存，还是两个以上单位（含两个单位）混合储存，统统都要为单位建卡和立账，要与这些存货单位的分类建账结合起来，实行对口管理，这样便于工作联系和清仓盘点，也有利于提高工作效率。

不论是按部、系、品种系列，还是按车型系列或者是按单位分库储存，凡是大件重件（含驾驶室、车身、发动机、前后桥、大梁等）都要统一集中储存，以便充分发挥仓库各种专用设备，特别是机械吊装设备的作用。这样，不仅可以提高仓容利用率，而且还可以减轻装卸搬运工人的劳动，提高劳动效率。

以上几种配件存储分类统一的管理办法，采取哪一种办法为好，要根据各个单位保管员的专业知识水平、仓库设备、库存配件流量等具体情况，适当选择。但是，不管选择哪一种管理办法，当仓库储存的物资和保管员的配备一经确定，就要相对稳定，一般不宜随意变更，以便根据储存物资的性能、特点，配备必要的专用设备（含专用货架、格架、开箱工具、吊装设备等），以适应仓库生产作业的需要。保管员可以在长期的实践中，不断提高专业技术知识和工作能力，向专业化、知识化方向发展，逐步培养出一批专业性的保管员队伍。

同时，不管采用哪种方式管理，在建账立卡时，都要和业务部门的商品账结合，实行对口管理，以便核对、盘点和相互间沟通，提高工作效率。

（2）安全堆码美观整齐

仓库里的配件堆码必须贯彻"安全第一"的原则，不论在任何情况下，都要保证仓库、配件和人身的安全。同时还要做到文明生产，配件的陈列堆码，一定要讲究美观整齐，具体做到以下六点：

① 安全"五距"。库内货垛与内墙的距离不得少于 0.3 m，货垛与柱子之间不得少于 0.1～0.2 m，货垛相互之间一般为 0.5 m，货架相互之间一般为 0.7 m。库外存放时，货垛与外墙的距离不得少于 0.5 m，这样既可以避免配件受潮，同时又减轻了墙脚负荷，保证了库房建筑的安全。

② 实行定额管理。库房的储存量指标应有明确规定，实行定额管理，每立方米的存放重量不得超过设计标准的 90%，以保证库房建筑安全达到设计使用年限，同时也保证了库存物资和人员的安全。

③ 堆码美观整齐。堆垛要稳，不偏不斜，不歪不侧，货垛货架排列有序，上下左右中摆放整齐，做到横看成行，竖看成线。包装上有产品标志的，堆码时标志应一律朝外，不得倒置，发现包装破损，应及时调换。

④ 重量较轻，体积较大的配件应单独存放。堆码时，一要注意适当控制堆码高度；二要注意不要以重压轻，以防倾倒。对易碎易变形的配件，更不可重压，以保证其安全。

⑤ 对某些配件，须露天存放时，也要美观整齐，但要上盖下垫，顶不漏雨，下不浸水，四周要通风，排水要良好。

⑥ 清理现场。每次发货后，及时清理现场，该拼堆的拼堆，该上架的上架，最后清扫干净，这样一方面腾出货位，以便再次进货，另一方面又保持了仓库的整洁美观。

（3）仓容利用经济合理

根据库区的实际情况，结合配件的性能特点，对仓容的利用应做出合理布局，要充分发挥人员、库房、设备的潜力，做到人尽其能、库尽其用，以最小的代价，取得最大的效益。

① 合理使用库房各种配件体积重量相差很大，形状各异，要把这些不同大小、不同重量、不同形状的配件安排适当，以求得最大限度地提高仓容利用率，如前后桥、发动机、驾驶室等重件、大件，可以放在地坪耐压力强、空间高、有起吊设备的库房。此外，还要根据配件的性能、特点和外形，配备一定数量的专用货架和格架等设备，例如，存放汽车前、后桥的专用枕垫（见图4-2）、存放横拉杆的专用格架（见图4-3）。

图4-2　前、后桥专用枕垫

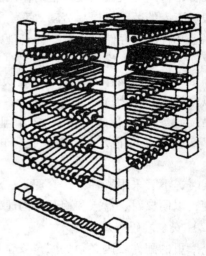

图4-3　横拉杆专用格架

② 提高单位面积利用率。仓库的建筑面积是不可变的，但单位面积利用率是可变的，如设高层货架或在普通货架区的货架最上面一层铺盖楼板，用以储存轻泡配件（如汽车灯泡、灯罩、仪表等）。同时，随时清理现场，也可以提高单位面积利用率。

（4）卡物相符、服务便利

"卡物相符"的程度如何，是考核仓库保管员工作质量的一项具体内容。卡物相符率高，就证明保管员的工作质量好；反之，就证明其工作质量差。提高卡物相符率的关键是认真执行"五五堆码"和"有动必对"的原则。其中，最重要的是"有动必对"，这是保证卡物相符的有力措施，每当发完一批货，必须将卡片的结存数量与库存实物结存数量当时进行核对，一定要保持卡片的结存数与仓库的实物结存数相符。如果发现卡片结存数与库存实物不符，必须在配件出库之前查清楚，并进行妥善处理，否则不准出库。另外要把好"盘点关"，每月、每季或每半年一次的定期盘点，一定要盘彻底、点清楚。平时，应加强动态管理，常动的配件，要经常进行查对，发现问题，及时与业务部门联系，查明原因，及时处理，以保证卡物随时相符。

服务便利的基础工作是配件堆码要讲究科学性，不仅要把不同车型、品名、规格、单价、产地和含量的配件分别归堆，商品标志一律朝外，堆与堆之间要保持一定距离，而且一定要遵循"五五堆码"的原则。大批量的配件，可以设分堆，建分卡，力求整数，并分层标明细数，便于做到过目成数，使发货、核对方便。

（5）介绍一种简便有效的配件保管方法

为达到处处为用户着想的目的，做到用户随到随发，尽量减少用户等候时间，应采取科学便利的管理方法改变保管员凭个人头脑记忆去执行存取工作的习惯。当保管员不在时，别人就难于发货，甚至找不到、发不出。如果保管员本人也忘记了，就会造成更大的困难，用户取不到货，浪费了用户的时间，影响了企业的信誉，严重的会丢失客户，影响企业经济效益。

这里介绍一种存取配件极为方便有效的方法，实际上这种方法就是利用数学中的三维坐标去确定空间的一点。

① 操作办法。具体如下：

a. 划定货位，并编出小货位号；

b. 在账页上写明该种配件存放位置的货位号；

c. 在货架前悬挂有动态记录的货物卡片。

② 确认配件存放位置的具体方法。具体如下：

a. 把库内外将要存放配件的地方（即货位），都用交叉编号的方法给以命名，其做法是：对于平面货位，用交叉的两个号码来规定——纵横坐标定位法，如图4-4所示。现用这个仓库的平面布局示意图，简要说明一下。

库内纵向（排）编号为A，B，C，D，E，F，G，H，I，J，K，L；横向（位）编号为1，2，3，…，15，16。编号写在墙上或用字牌挂在空中。

从图4-4可以看出各货所放的位置，其货位号分别是L5、C11和F15。

对于用货架存放（立体堆放）的，用货架号、层号及格号来命名（或用单格号），见图4-5所示。

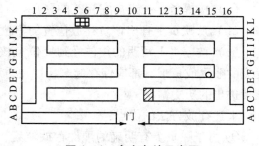

图4-4 仓库存放示意图

从图4-5中可以看出，各货所放位置，其货位号分别是架1七3，架2三9、10和架3四、五、六15、16。

如果有几个库房，还应编库房号，或按配件种类定名。但应注意，各种号码都应在明显位置标出。

b. 收货人收货后，在账页上写明该配件存放位置的货位号，如果一种货放在几个货位上，应写明几个货位号，还可注明发出顺序。

c. 为了更有效地防止差错，并随时掌握货量的动态，还应在货位上配件前悬挂记录着动态的货物卡片。见图 4-6（货卡上有与账页相同的主要项目和收、发、存及经手人等栏目）。

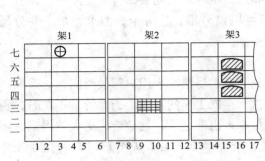

图 4-5 货架存放示意图

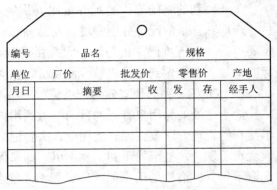

图 4-6 配件动态记录卡

③ 工作程序。具体如下：

a. 收货程序：

（a）核对进货票上与实物有关的品名、规格、单位、数量等，各项应完全相符。

（b）按进货票查对是否原来已有同种配件的账页。如果有，就只把票上有关项目记入原账页，并确定进货的存放货位，若仍放在原货位，则不必另写货位号，并继续使用原货卡。若另放在其他货位，必须写明进货的新货位号，再填写一个新的货卡，挂在货前。如果原来没有此货的账页，就要填写新账页，并写明存放的货位号后加入账册，配件前挂上新的货卡。

b. 发货程序：

（a）按提货票查出与它相符的账页。

（b）从账页上查出该货存放位置的货位号。

（c）按账页上写明的货位号到货位上核对货票与货卡，两者相符，即可发货。对货已发完的账页或货卡，都应保存起来，以便重新使用，一方面可以节约，另一方面也便于核查该货进出的历史情况。

上述存放方法的优点：

① 由于账页上有明确的配件存放位置，货位上有明确的货位编号。所以无论谁都能立即进行收发货工作，不因新手、不识货或记不住因素而影响收发货。

② 保管员的工作，因不受记忆力的影响，所以保管的物资品种是不受限制的。其工作能力只与工作量有关。

③ 仓库再大，品种再多，也只需一个值班人员，依靠查账就具有收发任何一种货物的能力。另外，这种存放方法也是实现仓库管理自动化的基础。

④ 货位上的存量与品种是灵活的，可以按需变动（移动了的货，要修改账页上的货位标记），无需空出货位，专放某种货，这就使仓库的货位得到最充分的利用。

⑤ 由于货卡上有收、发、存的动态记录，库存量的核对工作，就可以随时在货位上查

清。检查人员也能直接了解到该货的动态等情况。

2. 实行 ABC 管理法

ABC 管理法也称重点管理法，目前经济发达国家在经济活动中已经普遍采用这种管理方法。在实行上述按部、系、品种或按车型系列的条理化管理的同时，也应采用 ABC 分析法进行管理。

ABC 分析法是经济活动中应用的一种基本方法，是改善企业经营管理的一项基础工作，是企业进行经营决策的必要依据。它是一种从错综复杂、名目繁多的事物中找出主要矛盾，抓住重点，兼顾一般的管理方法。ABC 分析法又称重点管理法或分类管理法，广泛应用于商品的销售、采购、储备、库存控制等各个环节，目的在于提高资金利用率和经济效益。

（1）ABC 分析法在汽车配件仓库管理中的实际应用

汽车配件经营品种规格繁多，如何做到库存商品既能及时保证销售的不间断，又尽可能少占用资金而保持适当的库存量。这就需要对仓库所储存的汽车配件，依品种规格及占用资金的大小进行排队，分为 ABC 三类。A 类配件品种少，占用资金大；B 类配件品种比 A 类多，但占用资金比 A 类少；C 类配件品种多，但资金占用少，如图 4 - 7 所示。

由图 4 - 7 可看出，A 类配件品种只占总品种10% 左右，资金却占总资金 70% 左右；B 类配件品种占 20% 左右，其所占用资金也大致为 20% 左右；C 类配件品种占 70% 左右，资金只占 10% 左右。从其重要程度看，A 类最重要，B 类次之，C 类再次之。根据以上情况，对各类配件采取不同的管理方法。

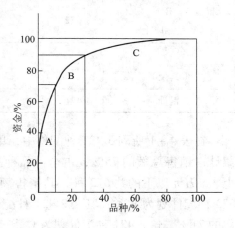

图 4 - 7　A、B、C 分析图

① A 类配件。A 类配件一般是常用易损易耗配件，维修量大、换件频率高、库存周转快、用户广泛，且此类配件用户的购买力稳定，是经营的重点品种。对这一类配件，一定要有较固定的进货渠道，因其订货批量较大、库存比例较高，在任何情况下，都不能断档脱销。决策者必须随时掌握其进、销、存的比例变化，使其占有优先地位。A 类配件的主要品种一般是活塞环、曲轴、气缸体、水箱、活塞、万向节、气缸垫、后刹车片、钢圈、后半轴、转向节等几十个品种。在仓库管理上，对 A 类配件应采取重点措施，进行重点管理，选择最优进货批量，尽量缩短进货间隔时间，做到快进快出，加速周转。要随时登记库存变化，按品种控制进货数量和库存数量，在保证销售的前提下，将库存储备压缩到最低水平。

② B 类配件。对 B 类配件只进行一般管理，管理措施主要是做到进销平衡，避免积压。

③ C 类配件。C 类配件，由于品种繁多，资金占用又小，如果订货次数过于频繁，不仅工作量大，经济效果也不好，一般可根据经营条件，规定该类配件的最大及最小储备量，当储备量降到最小时，一次订货达到最大量，以后订货也照此办理，不必重新计算，这样有利于集中力量抓 A、B 两类配件的管理工作。

（2）如何进行 ABC 分类

① 计算每种配件在一定时期内（例如一年内）所花费的资金总额，其计算方法是以配

件单价乘以需求量，列出品种和资金一览表。

② 根据一览表把每一配件品种资金数按大小顺序排列，计算出各品种占总金额的百分比。

③ 根据配件品种数和资金额占全部品种数和总金额的百分比，将配件分成 A，B，C 三类。

例如，某配件公司每年销售汽车配件 3 421 个品种，年销售总额 8 390 万元。通过计算每一种配件资金数及各品种占总金额的百分比，列出占销售总额 70% ~ 75% 的配件品种为 A 类，再划出占销售总金额 15% ~ 20% 的配件品种为 B 类，其余为 C 类，如表 4 - 1 所示。

表 4 - 1　汽车配件 A、B、C 分类

分类 （按单一品种销售金额）	品种数	占全部品种的比率/%	销售金额累计/万元	占销售总额的比率/%
A （5 万元以上）	328	9	6 300	75
B （1 万元以上）	672	20	1 420	17
C （其余）	2 421	71	670	8
累计	3 421	100	8 390	100

在表 4 - 1 所列 3 421 种配件中，单一品种销售金额 5 万元以上的有 328 种，其销售额累计占销售总额的 75%，占全部品种的 9%，这 328 种配件划为 A 类；销售金额 1 万元以上、5 万元以下的共 672 种，其销售额累计占销售总额的 17%，占全部品种数的 20%，这 672 种配件划为 B 类；其余 2 421 种配件，其销售额仅占销售总额的 8%，而品种数却占总数的 71%，这 2 421 种配件划为 C 类。

对全部配件进行 ABC 分类是一项比较繁琐的工作。当前许多汽车配件销售企业实行了计算机管理，先将该企业经营的全部配件的品种、品名和其一年的销售额录入计算机数据库里，然后由计算机汇总销售总额及各品种全年销售额，再计算每个品种年销售额占年销售总额的比率，由大到小排序，从而分析出 ABC 三类品种。如果销售部门用计算机进行开票，整个部门的所有汽车配件品种每月每日销售额都已存入计算机，这样用计算机进行 ABC 分类就更为快速和准确，而且既可以让计算机对全年的销售情况做 ABC 分类，又可对半年或近几个月的销售情况做 ABC 分类。计算机只需几分钟即可完成 ABC 分类。最后由打印机输出 ABC 分类清单，效率较人工计算提高几百倍，既节省人力，又提高了信息反馈速度。

（3）ABC 分析法在仓库管理中的作用

ABC 分析法在配件仓库管理的科学性、计划性、经济效益等方面已显示出了强大优势，已被许多企业采用，主要有以下作用。

① 可使配件库存管理有条理、储备有重点、供应有主次、订货易选择、核算有基础，统计结果易于分析，为配件核算和计划编制工作奠定了基础。

② 可以对配件合理分类，较准确地确定订货批量和储备周期。能防止不分主次各自储备，使储备从定性分析上升为定量分析，做到配件储备定额合理、先进。

③ 以资金大小依次分类，可以使管理人员自觉形成对资金管理的重视，并且懂得管好A 类配件就能取得用好资金的主动权，可以改变管理人员"只管供、不管用、只管物、不管资金"的片面做法，提高配件仓库的微观经济效益。

④ 对于占用资金不多的 C 类配件，可采用规定该类配件的最大及最小储备量的方法来保证供应，节省了大量的时间和保管费用，避免了人力、财力、物力的浪费，能更好地集中精力抓主要矛盾，管好 A 类及 B 类配件。

⑤ 能有效地帮助仓库管理人员逐步摸索和分析配件进销及库存的数据和规律性，有助于避免配件库存积压，进行合理储备，有助于加速资金周转，便于仓库核算及企业经济效益的提高。

⑥ ABC 分类法不仅使配件分类清楚，而且使合同管理更为严格，因为配件一旦不到货就能及时反映出供需矛盾，所以能增强执行合同的严肃性。

⑦ 有助于企业进行库存结构分析。汽车配件销售企业的库存结构，就是指适销对路的配件在整个库存中所占的比重。适销配件占的比重大，就叫库存结构好；适销商品所占的比重小，就叫库存结构差。库存结构是汽车配件销售企业的一项重要业务指标。它直接标志着企业商品资金占用的合理与否，反映出企业经营管理的好坏，经济效益的高低。企业应该经常对其库存结构进行分析，不断通过扩大销售和调整进货等手段，调整库存结构，保持库存结构的最佳状态。

三、汽车配件出库管理

汽车配件出库，标志着储存保管阶段的结束，把好"出货关"是全库管理工作的重要一环。

1. 出库的程序

（1）核对单据

业务部门开出的供应单据（包括供应发票、转仓单、商品更正通知单、补发、调换、退货通知单等），是仓库发货、换货的合法依据，保管员接到发货或换货单据后，先核对单据内容、收款印戳，然后备货或换货。如发现问题，应及时与有关部门联系解决，在问题未弄清前，不能发货。

（2）备货

备货前应将供应单据与卡片、实物核对，核对无误，方可备货。备货有两种形式：一种是将配件发到理货区，按收货单位分别存放并堆码整齐，以便复点；另一种是外运的大批量发货，为了节省人力，可以在原垛就地发货，但必须在单据上注明件数和尾数（即不足一个原箱的零数）。无论采用哪种形式，都应及时记卡、记账、核对结存实物，以保证账、卡、物"三相符"。

（3）复核、装箱

备货后一定要认真复核，复核无误后，属于用户自提的，可以当面点交。属于外运的，可以装箱发运。装箱清单见表 4 - 2。

表 4-2 装箱清单

收货单位：_____   制单日期：   年 月 日   发货仓库：_____

发票号码	品名	规格	数量	装箱情况					合计重量/g
				木箱		纸箱		捆	
				原箱	拼箱	原箱	拼箱		

货款结算	货款及管理费			运杂费		合计金额	托收时间号码	运输工具
	单据	货款	管理费	单据	金额			标签号
								货票号
								承运时间

在复核中，要按照单据内容逐项核对，然后将单据的随货同行联和配件一起装箱。如果是拼箱发运的，应在单据的仓库联上注明，如果编有箱号，应注明拼在几号箱内，以备查考。无论是整箱或拼箱，都要在箱外写上运输标记，以防止在运输途中发错站。

（4）报运配件

经过复核、装箱、查号码后，要及时过磅称重，然后按照装箱单内容逐项填写清楚，报送运输部门向承运单位申请准运手续。

（5）点交和清理

运输部门凭装箱单向仓库提货时，保管员先审查单据内容及印章以及经手人签字等，然后按单据内容如数点交。点交完毕后，随即清理现场，整理货位，腾出空位，以备再用。用户自提货的一般不需备货，随到随发，按提单内容当面点交，并随时结清，做到卡物相符。

（6）归档

单据归档发货完毕后，应及时将提货单据（盖有提货印章的装箱单）归档，并按照其时间顺序，分月装订，妥善保管，以备查考。

2. 出库的要求

（1）凭单发货

仓库保管员要凭业务部门的供应单据发货，但如果单据内容有误，填写不合规定、手续不完备时，保管员可以拒绝发货。

（2）先进先出

保管员一定要坚持"先进先出、出陈储新"的原则，以免造成配件积压时间过长而变质报废。因为汽车更新换代很快,配件制造工艺也在不断地更新,如果积压时间过长,很可能因为淘汰老、旧产品而报废。

(3) 及时准确

一般大批量发货不超过 2 天。少量货物,随到随发。凡是注明发快件的,要在装箱单上注明"快件"字样。发出配件的车型、品种、规格、数量、产地、单价等,都要符合单据内容。因此,出库前的复核一定要细致,过磅称重也要准确,以免因超重发生事故。

(4) 包装完好

配件从仓库到用户,中间要经过数次装卸、运输,因此,一定要保证包装完好,避免在运输途中造成损失。

(5) 待运配件

配件在未离库前的待运阶段,要注意安全管理。例如,忌潮的配件要加垫,怕晒的配件要放在避光通风处。总之,配件在没离开仓库之前,保管员仍然要保证其安全。

配件发货过程中,单据与实物流转情况见表 4 - 3。

表 4 - 3 发货单据与实物流程表

发货	港站发货	消减合同	根据发货清单消减合同
		开票　下账	开票并销商品账
		分票　交单	接收货单位分票、登记、交仓库签收
		登票　下库	仓库将票登记,交保管员签收
		对单　备货	保管员审核财务收款印章、核对供货单据、备货
		销卡　销账	仓库备货后保管员销卡,核对库存销账
		复核　装箱	出库复核无误,将随货同行单据与配件一同装箱
		称重　填装箱单	除原箱有重量外其余要称重,按要求填写装箱单
		报运	仓库将填好的装箱单,向运输单位报请准运
		发货	凭仓库装箱单到仓库提货,收回提单装订保管
		托运	货到港交清后,办理托运凭证
		收款	根据合同或运输凭证向收货方收款
		归档	货款收回后,原供货单据存根归档
	发货自提	开票　销卡	开票并销账
		收款	供货并经提货人签字后收款或托运
		发货　销卡	供应单据经财务收款盖章,提货人签定后发货
		复点	物资出库、逐票复核,点交提货人
		放行	发货交接手续办妥后开出门正放行
		销账	仓库账务员审核单据,手续办齐,销账
		归档	供应单据销账后,按月装订成册

四、仓库单据的管理

仓库保管账（通称实物账）是反映配件动态的主要根据。业务部门使用的进货、发货单据是仓库收货发货的依据，是重要的经济档案资料。配件流量和库存统计，是反映配件动态的历史资料，也是仓库管理决策的主要依据。

1. 记账的依据

（1）进货

① 正常进货。凭业务部门盖章的进货单据（收料单）进货并记账，见表4－4。

表4－4　收料单

存放仓库

库区排号　　　　　发货方发票日期　年　月　日　号码　　　　　承付期：＿＿＿＿＿＿

供货单位：＿＿＿＿＿　发运日期　年　月　日　航次＿＿＿＿＿运单号＿＿＿＿＿　销售牌价＿＿＿＿＿

货号：　　　　合同号：　　　　调拨号：＿＿＿＿＿

品　　名		规格	产地	单位		数量	单价	总价
					应收			
					实收			
包装	箱捆	数量	备注					

登账（日期）　　　收货（日期）　　　检验（日期）　　　制单（日期）

② 转仓。进货业务部门内部转仓调入的配件，凭业务部门盖章的调拨单进货并记账。

③ 销售退回凭退货通知单进货并记账，但不作统计，以免重复。退货包括以下几种情况：重复执行调拨合同造成的退货；执行合同逾期造成的退货；仓库不慎多发造成的退货；发货时串发造成的退货；仓库不慎少发而需方又不同意补发的货物；在待运期间需方因逾期而要求停发的货物。

④ 工厂送货。工厂自行送货时，由业务部门开配件入库单，仓库凭入库单签收大件，但不作记卡登账的依据，须正式收料单下达后，才上账登卡入库，入库单见表4－5。

表4－5　产品入库单

年　月　日

品名	规格	单位		数量	包装定额
			应送		
			实收		
备注					

仓库签收：　　　　　　　　开票员：

（2）发货

① 正常发货凭业务部门盖章的发货单据发货并记账。

② 内部转仓凭业务部门盖章的调拨单发货并记账。

③ 退货凭红字收料单发货并记账。

④ 换货和补货凭业务部门的换货或补货通知单发货并记账，见表4-6。

表4-6 补发、调换、退费通知单

收发货单位：　　年　月　日　　　　　存放仓库

原发票号	品名	规格	单位	数量	单价	金　额							
						十	万	千	百	十	元	角	分
说明		1. 对方索赔文号；2. 主要原因											

公章：　　　　　　　　　　　　制单人：

2. 建账和记账的要求

（1）建账

仓库建账是按车型还是按品种系列，要结合业务部门的管理方式，并根据仓库的实际情况采取相应的办法建立实物账，以便与业务部门对口管理，便于工作联系和清仓盘点。

（2）记账

根据业务部门的进货及发货单据所列内容，逐项登账，如单据中有一项与前账不符，应另立账页。如含量不同、产地不同等均应另立账页，以免产生差错。

（3）书写

记账一律用签字笔，字迹要清晰、工整，不得涂改。

（4）核单

账务员要严格核对进出库单据、印章、日期等，以防止漏收货款或逾期提货（一般有效期15天），甚至以假票、废票将货提走，给企业造成损失。

（5）盘存

账务员应参加每季度或半年一次的定期盘存对账工作。盘存中的问题要做好记录，查明原因，妥善处理，从中吸取教训，改进账务管理。平时也应经常到库房对账，以保证账、卡、物和账（实物账）、账（业务部门的商品账）、物"三相符"。

3. 账册、单据管理

每年年终盘存活货，应将账页全部换新。使用新账时，应按建账的要求逐项填写清楚。上年结转部分要注明原进库时间，以备查考。换下来的旧账页应按年限顺序集中保管。单据应按部系品种或按车型分类集中，按时间先后，分月装订保管。账册和单据的保管期限一般为10年。

4. 统计的依据与要求

（1）统计的依据

配件进库、出库、结存数字的统计（亦称流量统计），系以业务部门开出的正式单据（包括收料单，调拨发票，调拨单，补货、换货、退货通知单，更正单等）和仓库实物账上的实物库存数为依据。其他临时性的收货单据（包括产品入库单）不列入统计。

（2）统计的要求

统计报表要求及时、准确。统计报表要建立档案，积累历史资料，以备查阅。表4-7~

表 4 – 11 是一些常用的统计报表。

表 4 – 7　物资进出动态登记统计表

库　　　　　　　　　　　　　　年　月

序号	进库				出库				结存				空余面积
	笔数	件数	吨位/t	金额/万元	笔数	件数	吨位/t	金额/万元	笔数	件数	吨位/t	金额/万元	
1													
2													
3													
4													
合计													

实际面积	储存量定额	日平均实际存储量	完成定额数	每平方米储存数

仓库负责人：　　　　　　　　　　　　填报人：

表 4 – 8　流量统计月报表

填报单位：　　　年　月　　　　　　填报时间

数量　　　项目　　库别	进库				出库				合计			
	笔数	金额	件数	重量	笔数	金额	件数	重量	笔数	金额	件数	重量

单位负责人：　　　　　　　　　　　　填报人：

表 4 – 9　差错、损失登记月报表

库

保管员姓名	原单据日期	凭证号码	应收或应发			错收或错发			损失金额/元	损失原因	登记日期
			品名	数量	金额/万元	品名	数量	金额/万元			

说明：① 差错：指收货和发货差错；损失：因保管过失造成霉烂、虫蛀、残损、丢失等损失。

　　　② 损失金额：一律以元为单位。

表 4 – 10　差错事故统计月报表

填报单位：　　　　年　月　　　　　　填报时间：

项目 数量 库别	进货				发货				保管				合计			
	溢余		差损		溢余		差损		溢余		差损		溢余		差损	
	件	金额	件	金额	件	金额	件	金额	件	金额	件	金额	件	金额	件	金额
合　　计																

说明：① 金额单位是"元"。
　　　② 易损件、小额商品在规定允许以内的损耗不记在其内。

单位负责人：　　　　　　　　　填报人：

表 4 – 11　仓库面积表使用情况统计表

年　月　日　　　　　　　　　　组别　　　　　　　　　面积单位/m²

库别	建筑 面积	库内 面积	障碍物面积					实际 面积	走道面积		使用 面积	面积 利用率
			楼梯	柱子	墙距	柱距	大门		走道	支道		
合计												

说明：大门口面积，指大门向内开时占据的面积视作障碍物除去。

单元 3　汽车配件的养护

　　汽车配件绝大部分是金属制品（包括黑色金属、有色金属），此外还有橡胶制品（包括天然橡胶、合成橡胶）、工程塑料、玻璃、石棉制品等。有的配件精度很高，精密偶件不能随便拆换，例如，柴油机的喷油泵芯套和喷油嘴；有的不仅保管期限短，而且对保管的温度有一定的要求，例如补胎胶；有的是易碎品，例如汽车玻璃、各种大小灯泡、车门等。由于汽车是一种技术含量很高的产品，近年来许多高、精、尖的技术都在汽车上应用，如计算机、安全气囊、防抱死系统、电喷系统等，对此类装置的维修保养和配件储存提出了更高的要求。

　　汽车配件销售企业经营的产品逐渐增多，如各类汽车美容用品、各种油类、液类（汽、柴机油、刹车油、齿轮油、防冻液）、车蜡、油漆以及各种摩托车配件等。为了保管好各种各样的汽车配件及其横向产品，必须根据其不同的性质、特点区别对待，妥善地处理好在入库、保管和出库中发生的一系列技术问题。

 **单元要点**

1. 自然因素对汽车配件的影响。
2. 汽车配件保养防范措施。
3. 特殊汽车配件的存放。

相关知识

一、汽车配件保养

1. 防尘、防潮、防高温、防照射、细致严密

（1）自然因素对汽车配件的影响

汽车配件品种繁多，因为使用的材料和制造方法的不同而各具特点，有的怕潮、有的怕热、有的怕阳光照射、有的怕压等，在储存中因受自然因素的影响而发生变化，影响到这些商品的质量。

① 温度对储存配件的影响。汽车配件适宜的储存温度都有一定的范围，例如，橡胶类配件在 25 ℃ ~ 30 ℃时，柔软而富有弹性，在高于 40 ℃时，则软化发粘，但在 10 ℃以下时，又会变硬变脆，从而失去弹性，强度下降；软木纸及垫，适宜温度一般为 18 ℃ ~ 25 ℃；一些酚醛塑料制品在温度达 40 ℃以上时，就会发生变形，某些有油漆防护层的配件也会出现龟裂现象；金属制品对温度也有一定要求，因为金属配件表面涂有保养油或蜡，遇到高温，保养油或蜡也易熔化发生干粘。所以必须掌握仓库内温度变化。一般来讲，保管汽车配件的室温，应保持在 20 ℃左右为宜。

② 湿度对储存配件的影响。湿度指空气中水蒸气含量的程度，表示空气湿度通常用"绝对湿度"、"饱和湿度"、"相对湿度"表示。绝对湿度是指空气中实际所含的水蒸气，即按每立方米空气中所含水蒸气的质量表示，其计量单位为 g/耐。饱和湿度指空气中所含的水蒸气有饱和点，超过饱和点就变成水珠落下，这时的空气湿度，叫饱和湿度。测定饱和湿度常用的器具是温湿度表；相对湿度是指空气中所含的水蒸气距离饱和水蒸气含量的程度。绝对湿度不能充分说明空气干湿程度的状态，相对湿度则能确切地表示空气潮湿程度。相对湿度可由下式表示：

$$相对湿度 = \frac{绝对湿度}{饱和湿度} \times 100\%$$

由上式看出，相对湿度越高，距饱和点越近、越潮湿，这时对具有吸潮性的配件损害就越大，就会使怕潮配件生霉腐蚀。金属配件本身虽不吸潮，但湿度大时，在金属表面就会凝结一层极薄的水膜，甚至形成水珠，加速其氧化生锈，所以对金属配件，特别是精密配件，尤应注意防潮。石棉制品、如汽车各类衬垫（片）受潮后，会出现片状雪斑，使其技术性能降低。相对湿度大于 85%、气温在 30 ℃以上时，会使电器配件及绝缘制品受潮，性能下降。相反，相对湿度过低（一般小于 50%）对某些配件也会产生不良影响，如油封用的橡胶和皮革会出现干裂、发脆，各种纸垫块等也会发生伸缩变形，一般库内相对湿度应保持在 70% 左右为宜。

但是不同质的汽车配件又各不一样。例如，汽车轮胎，保管的相对湿度以50%～80%为宜；软木纸保管的相对湿度以40%～70%为宜；还有些汽车配件特别怕潮，例如，车用收放机、电器元件，受潮后会影响使用效果；仪器、仪表受潮后会影响其灵敏度。

③ 日光对储存配件的影响。适度的日光对有些配件能起到好的保护作用，以热能蒸发多余的水分。但过强的日光经常照射在配件上，也会产生不良影响，如橡胶制品、方向盘、分电器盖、蓄电池壳等长期在光的照射下，会很快失去光泽并发生老化、开裂、发粘和失去弹性。汽车玻璃在长期日照和冷热温度较大变化条件下，会发生自然碎裂。金属制品、收录机等也应避免日光照射。

（2）其他因素对储存配件的影响

尘土和杂物不但影响仓库清洁卫生，而且严重威胁库存配件的质量和安全，会加速金属配件锈蚀，并使电器元件绝缘性变坏，影响仪器仪表精密度和灵敏度，还会影响收音机、收放机的使用效果；各种虫害对库存配件的质量和安全的影响也很大，蛀虫、老鼠等常咬坏一些线织布质配件、坐垫以及配件包装物（含包装木箱、纸箱、纤维板箱等），而且还会毁坏建筑物上的木材部分以及木质垫板、枕垫等。

2. 各种金属类汽车配件防护层变质的表现

（1）黑色金属

黑色金属钢铁在汽车配件材质中占多数。它的主要特点是，在潮湿时容易氧化生锈，表面上形成一层淡红色或暗褐色的细状粉末（即氧化铁）。由于氧化铁结构疏松，容易继续吸湿，如不及时清除保养，会促使金属进一步氧化锈蚀，出现麻点，破坏商品表面精度。根据实践经验，如配件上油（蜡）前清洗较好，油（蜡）配方合格，配件一般可储存5年左右不锈蚀。否则，一年内配件表面即呈现黑灰色或片状黑色污斑痕迹。

（2）有色金属

有色金属在汽车配件中，使用较多的是用钢和铝制造的活塞和各种衬套等，在储存中铜制产品与空气中的氧接触后，会生成绿锈，这就是铜制品的锈蚀表现。铝与空气中的氧接触，产生一层氧化铝，氧化铝薄膜也起一定的阻止继续氧化的作用。但铝与空气中的酸及碱接触后，会产生白色粉末状的盐碱。

（3）各种镀有防护层的配件

镀铬配件呈青光，外表光亮，抗腐蚀性强，但若灰尘长期包围表面，镀层会失去光泽，逐渐变暗。镀锡配件呈灰白色，有轻微光泽，但容易被坚硬物质划伤，如湿度过大，会从镀层内部生锈。镀铜的配件呈淡红色，不宜久放，储存时间稍长，即变成白红色，特别与二氧化碳及酸接触后，表面会产生绿斑，影响美观。有油漆防护层的配件，表面坚韧而光亮，装饰性和抗蚀性均好，但受阳光辐射的影响，会发生褪色和脆裂。如遇油脂，也容易产生漆层脱落。

二、汽车配件保养防范措施

1. 要重视各种配件的储存期限

各类汽车配件出厂时，都规定了保证产品质量的储存日期，但在进货及仓库保管中常被忽视，如各类金属配件在正常保管条件下，自出厂之日起，生产厂保证在12个月内不锈蚀。

橡胶制品也规定在一年内保证其使用性能符合标准要求。刹车片，包括离合器面片也规定在一年内保证其质量。蓄电池的储存期限在 2 年内应具有干荷电的性能，2～3 年内应具有一般电池的性能。制动皮碗从出厂之日起，在正常条件下可保管 3 年以上仍保持外表面光亮。但通过试验看出，3 年以上时体积膨胀大大超过标准规定，虽能使用，但寿命下降。

据有关资料介绍，黑色金属配件在相对湿度100%、温度在 42 ℃以上时，只需 2～3 小时产品即会生锈。因此，重视产品储存期限，并在期限内尽快销售是十分重要的。

2. 安排适当的库房和货位

各种配件的性能不同，对储存保管的要求也不一样，所以，在安排库房和配件进库后具体安排货位时，应把不同类型、不同性质的配件，根据其对储存条件的要求，分别安排到适当的仓库和货位上去。

在同一车型系列中，甚至在一个系中，汽车配件可能有几种不同性能的配件，对于忌潮的金属配件，就应该集中放在通风、向阳的位置；对于忌高温的配件，就应该放在能避阳光的位置；对于防尘、防潮、防高温要求高的配件，应设专柜储存、专人保管，这样安排就比较合理。对于高档的或已开箱配件，像收音机、仪器仪表、轴承等，在条件具备的情况下，可设密封室或专用储存柜储存。

3. 配件加垫

汽车配件绝大部分都是金属制品，属忌潮物资，一般都应加垫，以防锈蚀。至于垫的高度，要从实际需要出发，一般应为 10～30 cm。枕垫的作用就是隔潮、通风。

4. 加强库内温度、湿度控制

可采取自然通风、机械通风或使用吸潮剂等措施，以控制库内温、湿度。具体地说，就是根据不同季节、不同的自然条件，采取必要的通风、降潮、降温措施。当库内湿度大于库外湿度时，可将门窗适当打开。当库内湿度降到与库外湿度基本平衡时，就将门窗关闭。如果库外湿度大于库内湿度时，窗户不要打开。收货、发货必须开门时，作业完毕后，一定及时关门。有条件的仓库，除了上述自然通风之外，还可以采取机械通风办法，在库房的上部装置排风扇，下部装置送风扇，这样可以加速库内空气流通，起到降温、降潮作用。

5. 采取库内降潮办法

在雷雨季节或其他阴雨天气时，库内和库外湿度都很高，可使用吸潮剂吸潮。吸潮剂一般有生石灰、氯化钙、氯化锂。一般汽车配件采用氯化钙为宜。在使用吸潮剂吸潮时，必须关闭门窗和通风孔洞，才能保证吸潮效果。

6. 严格配件进出库制度

库存配件应严格执行先进先出的原则，尽量减少配件在库时间，使库存不断更新。

7. 建立配件保养制度

可选派一些有配件保养科学知识和保养经验的人员，对滞销积压及受损配件进行必要的保养。搞好库内外清洁卫生，做到库房内外无垃圾，无杂草、杂物，加强环境绿化，以防尘土、脏物和虫害的滋生。经常检查库房内的孔洞、缝隙，配件包装、建筑的木质结构等，发现虫害，及时采取措施消灭。

8. 保证汽车配件包装完好无损

凡是有包装的配件，一定要保持其内外包装的完好，这对于仓库保管员来说，是一项重要的纪律，必须严格遵守。如果损坏了包装，在某种意义上讲，就等于破坏了配件的质量。因为包装的作用就是防潮、防尘、防磕碰，保护配件质量。

三、特殊汽车配件的存放

1. 不能沾油的汽车配件的存放

轮胎、水管接头、三角皮带等橡胶制品，怕沾柴油、黄油、机油，尤其怕沾汽油，若常与这些油类接触，就会使上述橡胶配件质地膨胀，很快老化，加速损坏报废。

干式纸质空气滤清器滤芯不能粘油，否则灰尘、砂土粘附在上面，会将滤芯糊住。这样会增大气缸进气阻力，使气缸充气不足，影响发动机功率的发挥。

发电机、起动机的炭刷和转子沾上黄油、机油，会造成电路断路，使之工作不正常，甚至使汽车不能启动。风扇皮带、发电机皮带若沾上油，就会引起打滑，影响冷却和发电。干式离合器的各个摩擦片应保持清洁干燥，若沾上油就会打滑。同样，制动器的制动蹄片如沾上油，则会影响制动效果。散热器沾上机油、黄油后，尘砂粘附其上，不易脱落，会影响散热效果。

2. 爆振传感器的存放

爆振传感器受到重击或从高处跌落会损坏，为防止取放时失手跌落而损坏，这类配件不应放在货架或货柜的上层，而应放在底层，且应分格存放，每格一个，下面还应铺上海绵等软物。

3. 减振器的存放

减振器在车上是承受垂直载荷的，若长时间水平旋转，会使减振器失效。因此，在存放减振器时，要将其竖直放置。水平放置的减振器，在装上汽车之前，要在垂直方向上进行手动抽吸。

单元4　汽车配件的仓库安全管理

仓库安全管理，是仓库管理的重要组成部分，是关系到国家与企业的财产和人员生命的大事，一定要给予足够的重视。

单元要点

1. 汽车配件的消防工作。
2. 汽车配件的防盗。

 相关知识

一、汽车配件的消防工作

所谓"消防"，顾名思义，就是灭火和防火。火灾危险是仓库的最大威胁，消防工作，

应当贯彻"预防为主，防消结合"的方针。首先要科学分析，研究火灾原因，然后才能有效地防火和灭火。

1. 火灾的原因

火灾是指失去控制，并造成一定损失的燃烧现象。火的燃烧要同时具备三个条件，而且要有一定的量，并互相作用，才能引起，以致造成灾害。

（1）燃烧的三个条件

① 要有可燃物质。凡是能与空气中的氧气或其他氧化剂起剧烈反应的，一般称为可燃物质（含固体的、液体的、气体的）。

② 要有助燃物质。凡是能支持和帮助燃烧的物质，都称为助燃物质（如空气中的氧气和氧化剂）。

③ 要有火源。凡是能引起可燃物质燃烧的热能源，都称为火源。

防火就是防止上述三个条件同时在一起起作用。灭火，就是消灭以上三个条件，使火不继续燃烧。

（2）火源是引起燃烧的关键

火源有以下两种：

① 直接火源。例如，明火（火柴的火、打火机的火、香烟的火）、电火花（电路开启和电线短路产生的电火花、静电火花等）和雷击引起的燃烧等。

② 间接火源。例如，加热自燃起火（摩擦或烘烤引起燃烧）、化学反应引起燃烧（石灰遇水导致燃烧）、自燃起火（有的物质长期堆积不动，里面发热，到一定程度，引起自燃起火）。

2. 防火

只要做好防火宣传和组织工作，采取行之有效的得力措施，火灾事故是可以避免的，具体要采取以下措施。

① 领导高度重视仓库安全工作。

② 广泛、深入地宣传火灾的危害性，提高防火自觉性，是防止火灾事故的重要保证。

③ 确定防火责任人和建立岗位防火责任制。把防火工作落实到人，并通过岗位责任制，使防火工作制度化、经常化。

④ 严格分区分类管理。凡是易燃、危险物资，一定要进危险品仓库，凡是忌高温的物品，一定要存放在通风、不经常被日光暴晒的位置等。

⑤ 严格控制火种、火源和电源。凡是需要禁止一切火种的地方，要坚决禁止一切火种。如必须在禁火区进行明火作业时（如电焊），必须经有关保卫部门和人员批准，并采取预防措施，在确保安全的条件下进行作业。工作完毕之后，要及时清理现场，消灭明火，严防死灰复燃，造成火灾。库区内办公室冬季确实需要取暖，而又缺少取暖设施，采用火炉取暖的，一定要有专人负责，并做到人走火灭。凡是浸油的棉纱头、抹布，一律不准带往仓库。仓库内的电线、电器设备，要经常检查维修，严防因短路或超负荷影响安全。仓库和其他重要设施如果需要安装避雷设备的，一定要安装避雷设备。

⑥ 严格执行安全检查制度。加强门卫，特别是加强安全巡逻值班工作的力度，防止坏人破坏。

3. 灭火

防火是关键，是上策，但是一旦发生火灾，必须组织快速扑救，以减少其损失。

（1）灭火方法

灭火方法很多，主要有三种方法：

① 隔离法，就是使燃烧物质与周围可燃物质隔开，使燃烧因无可燃物而停止。

② 窒息法，就是阻止空气进入燃烧区，使燃烧物因得不到足够的氧气而熄灭，如用化学泡沫灭火剂扑灭油类火灾。

③ 冷却法，就是使燃烧物质温度下降到燃烧点以下，燃烧也就停止了，如用水灭火就是这个道理。

（2）灭火剂种类

我国常用的灭火剂，主要有三种：

① 液体灭火剂，如水、化学泡沫灭火剂、空气泡沫灭火剂、高倍数泡沫灭火剂、酸碱灭火剂等。

② 气体灭火剂，如二氧化碳灭火剂等。

③ 固体灭火剂，如干粉灭火剂、土、砂等。

（3）灭火剂特点和适用范围

各种灭火剂的特点各不一样，适用的对象也有所不同，如果使用不当，不但不能灭火，还会扩大损失。以下是几种常用灭火剂的特点和适用范围：

① 水是最经济、最方便、最常用的灭火物质，灭火效果也比较好。但是有的火灾在一般情况下不能用水去扑救，包括电气设备、带电系统发生火灾而电源未切断之前，或精密仪器及设备、汽油等火灾，一般不能用水扑救。但在特定情况下，水通过喷雾装置，在某种程度上，也可以起到灭火作用。

② 化学泡沫灭火剂是扑灭易燃液体和油类火灾的有效灭火剂，也能扑灭电器火灾（先断电、后扑灭），但是它不适用于由于化学物品燃烧引发的火灾。

③ 空气泡沫灭火剂适用于扑灭一般固体和液体（含石油和其他油类）发生的火灾。

④ 高倍数泡沫灭火剂对扑灭一般油类、木材火灾有良好效果。

⑤ 酸碱灭火剂可以扑灭电器火灾（先断电，后扑灭），但是对于忌酸、忌水的化学物品以及油类火灾不宜使用。

⑥ 二氧化碳灭火剂对于扑灭电器、电子设备和某些忌水物资的火灾最适宜，灭火后不留痕迹，无腐蚀作用。

⑦ 干粉灭火剂适用于扑灭油类、可燃液体、气体、电气设备的火灾，其粉末无毒、无腐蚀作用。

4. 消防器材

① 汽车配件仓库常用的消防器材主要包括：各种灭火器、给水装置和简易工具（太平斧、铁锹、砂箱、梯子、水带、水枪、水桶、水池、砂池、砂包）以及消防信号等。

② 灭火器的保养。灭火剂每半年检查一次，每一年更换一次。灭火机的喷嘴和大型灭火机的皮管，要经常检查，防止堵塞。放在露天的灭火器，要避免日光暴晒和风吹雨淋，冬天气温低可用保暖材料保护起来，防止机内结冰，但喷嘴要露在外面。干粉灭火机应放在干

燥、阴凉、无腐蚀性气体的位置。

③ 灭火给水装置是指消防用水的给水系统，没有消防水栓的区域应有蓄水池，每个仓库附近要有一个较大的消防水桶，并保持常年水是满的，以备随时使用。

④ 消防器材的配置。一般灭火器每100 扩仓库配备一个，但每一栋仓库不少于2 个，并挂在仓库外面墙上，离地面不超过1.5 m 的位置，以便随手使用。消防水桶，每100 衬至少配备一个，并挂在仓库门外墙上明显处。关于砂包、太平斧等，均应适当配备，并在固定地点存放，严禁移为别用。

⑤ 消防信号仓库应规定消防警报信号，一旦起火，以便通知消防队和全体职工投入救火。同时，应将消防警报信号告诉邻近单位，一旦发生火灾，大家可闻讯赶来支援。

二、汽车配件的防盗

保卫工作是仓库安全管理的重要组成部分，要建立健全保卫机构，成立群众性的治安保卫委员会。还要与周围有关单位共同组建治安联防组织，并加强与当地公安机关的联系，这样上下一起抓，里外协调配合，人人关心安全，创造一个良好的治安环境，以保证汽车配件仓库的安全。

单元5　汽车配件储备量的确定

经营汽车配件的资金约有70%以上被库存商品资金所占用，推行保本期是把时间效益观念引入物流管理，使经营工作由事后分析转向事前预测，有利于增强商品进、销、存的预见性，加速资金周转，提高经济效益。它是在商品销售量、成本、利润分析的基础上，结合经营上的特点，进行利润、费用、储存时间的分析，从经营商品盈亏角度，对商品的保本储存期限进行预测，对商品进、销、存全过程进行系统的综合管理。

 单元要点

1. 汽车配件保本期和保本量的计算方法。
2. 保本期管理法的操作程序。
3. 汽车配件合理储备量的确定。

相关知识

一、汽车保本期管理法在仓库管理中的应用

1. 保本期和保本量的计算方法

（1）保本期的计算方法

保本期是指商品从购进到实现销售不至于发生亏损的最长储存期限。在保本期截止之

日销售出去的商品没有利润，但能保本。超保本期销售就要发生亏损，保本期计算公式是：

$$保本天数 = \frac{(1 + 加成率)(1 - 管理费用率 - 利前税率) - 1}{日息率}$$

式中：加成率指商品进销差价与销售原价的百分比。

商品保本期在业务经营中起到"标尺"和"界限"的作用，增强了"时间就是效益"的观念，进、销、存不忘保本期，树立全面为销售服务的思想。

在测算中，管理费用和利前税率可用上年度实际数，利息率用当年的，加成率是预测的。

（2）保本量的计算方法

保本期是指商品在库的最长期限。保本量是控制进货或库存的最高数量，其计算方法是：

$$保本量 = \frac{预测期销售数量}{预测期天数} \times 保本期天数$$

一般保本量每年测算一次，将测出的数字记在主要车型经营品种动态分析台账上，作为衡量进货量和库存时的一把尺子。

2. 保本期管理法的操作程序

① 收到商品发票和记收单据后，由物价员测定该商品加成率，用保本期公式算出保本期天数，合同员在入库单上填上保本期界限日。

② 商品放进仓库后，保管员在填制商品保管卡片时，同时注明保本期界限日。当出现超保本期商品时，在保管卡片上印上显著标志，以示警告。

③ 营业员收到商品入库单后，要按照单上的保本界限日记在营业账或商品账上，当出现超保本期商品时，向主管业务部门或经理反馈，反馈单如表 4-12 所示。

表 4-12　月超保本期反馈表

车型：

商品编号	品　名	单　位	产　地	单价/元	超保本期数量	金额/元

按保本期的要求，应当随时发生，随时反馈。

④ 如果前批进货尚未销完，一般不应当再进货，若有前批进货剩余较少时，可视前后一批一卡保管，但是要先进先出。若前批商品剩余数量较多时，要分卡保管，对新进的商品执行新的保本期界限日。

⑤ 业务部门和经理收到反馈单后，要立即组织有关人员认真分析造成超保本期的原因，制定措施，堵塞漏洞，抓紧处理，把问题消灭在萌芽状态。

3. 商品保本期管理法的作用

① 利用库存商品保本期管理法，显示出了"灵活"性，"灵"就是能把住进货关，防止"病从口入"。"活"就是能及时发现问题，及时调整结构，加速商品资金流转。

② 应用商品保本期管理法可以发动全体员工参与经营管理。商品购进后，各环节按保本期界限日进行监督。保管员发现问题，要提出警告，营业员发现问题，要给予反馈，问题提出来后，领导就必须研究解决，加强各个环节员工的责任感。

③ 应用商品保本期管理法，增强了员工的时间价值观念，进、销、存都要考虑到保本期，以减少费用，提高经济效益。

二、汽车配件合理储备量的确定

汽车配件储备是汽配流通领域中的一个重要环节，在流通中应做到流而不断、储而不阻，使配件储备真正起到"蓄水池"的作用，对企业销售额、资金周转及经济效益的提高是非常重要的。

1. 合理储备量的概念

所谓合理储备量，应包括两个方面的内容：一是指库存储备的总金额趋于合理，二是指单一品种储备量与市场需求大致接近，即按车型、品种的库存结构合理。显然这二者是密切相关的，前者是总体需求，是对后者有指导性的约束；后者是前者的具体体现，是前者的基础。否则，总额合理，单一品种结构畸形，仍不利于资金周转，也将影响销售量。所以，确定合理储备量的原则应该是满足用户需要，有利于资金周转。

2. 合理储备量的确定

一个企业库存储备总值大小的确定，其因素是多方面的。首先是所承担供应范围内所拥有的车型车数，这是基本依据，其供应范围大、涉及的车辆多，则储备总额就大。其次是企业本身所拥有的流动资金有多少，所必须达到的资金周转次数是多少。如果资金少、资金周转天数少，则必须加速库存周转，在这种情况下，库存储备额就不能过大。同时，也取决于该企业单车的年供应水平，单车供应水平高，储备总额则需要大一些。单车供应水平又与车辆技术状况、路面等级、车辆出车率及其运输性质有关。为了便于说明问题，用下列算式说明储备量值的确定。

$$w = qg/f \qquad\qquad (4-1)$$

式中：w——库存储备总额，单位：元；

q——单车年供应平均水平，单位：元/辆；

f——要达到的资金周转指标，单位：次/年；

g——供应的车辆总数，单位：辆。

为使计算更为准确，现设 i 为任意一种车型，则（4-1）式还可表示为：

$$W = \sum \frac{q_i g_i}{f_i} = \frac{q_1 g_1}{f_1} + \frac{q_2 g_2}{f_2} + \frac{q_3 g_3}{f_3} + \cdots + \frac{q_n g_n}{f_n} \qquad (4-2)$$

由（4-2）式可知，企业库存合理储备总额等于其所供应的各种车型应储备的平均金额之和。现以实际数据举例，如表4-13所示。

表 4 – 13　数据举例表

项目 ＼ 车型	桑塔纳	CA1091	EQ1091	BJ1022	BJ2020N
供应车辆数 /辆	1 802	2 215	325	500	219
单车供应平均水平 /（元·辆$^{-1}$）	934	273	123	874	140
资金周转指标 /（次·年$^{-1}$）	1.6	1.2	1.2	1.5	1.2

将表 4 – 13 数据代入（4 – 2）式：

则　$W = \dfrac{934 \times 1\,802}{1.6} + \dfrac{273 \times 2\,215}{1.2} + \dfrac{123 \times 325}{1.2} + \dfrac{874 \times 500}{1.5} + \dfrac{140 \times 219}{1.2} = 1\,906\,025.8$（元）

但是，上式中各个量不是一成不变的，而要随市场形势的变化而不断变化，因此，合理储备量应定期核定，以取得符合市场变化的最佳值。

关于单一品种合理储备量的确定，主要应以该品种历史期（一般为上年）销售水平为依据，但同样也要考虑市场流通的快慢，即库存周转的次数，一般可用下式表示：

$$W = \overline{m}(1 + k)/f$$

式中，W——单一品种储备数；

$\overline{m}$——单一品种历史销售平均数；

f——其应达到的库存周转次数；

k——该品种因各种因素而变化，所取的储备量增减系数，为百分数。

在取 k 值时，如属发展车型配件，取增值；如属淘汰品种，取减值。即具体品种具体分析，这样才能使单一品种库存储备趋于合理，从而使整个库存结构合理。

根据一汽大众汽车有限公司与服务站签订的意向协议书，为确保售后服务的正常进行，服务站、大用户、专卖店开始订货前，应制定出该站的储备定额及每一种备件的最低库存，并根据保有量的变化情况，每半年或一年修改一次。储备定额及最低库存量确定后，应成为服务站订货的主要依据。

①已签协议的服务站、大用户、专卖店，当地保有量在 100 辆以下时，备件的储备应不少于 12 万 ～ 15 万元，当地保有量达到 100 辆以上时，每增加一辆，备件的储备定额需要增加 2 000 元。

②已开业的服务站，当地保有量在 250 辆以下时，备件的储备应不少于 30 万元，当地保有量达到 250 辆以上时，每增加一辆，备件的储备定额需要增加 2 000 元。

单元 6　汽车配件仓储管理案例

单元要点

1. 广州本田维修站的配件管理。
2. 广州本田特约维修服务站零部件仓库内的布局。
3. 丰田特约维修服务站零部件库房管理。

相关知识

一、用科学方法管理仓储——广州本田维修站的配件管理

　　仓储工作是企业经营管理中的重要环节，其管理的好坏，将会直接影响到企业的经营、企业的经济效益。因而企业在经营管理中，绝不可忽视对仓储工作的管理。

　　汽车零部件行业的经营活动，时时刻刻都要与仓库打交道。可以讲，仓库是汽车零部件行业中经营效益的所在。如何将仓库工作管理好一直是汽车零部件行业需探讨的问题。

　　要采用先进的管理方法、组织形式，科学地组织生产、销售和服务，就要使用 PDCA 循环法。在这里谈一谈如何将 PDCA 这一科学管理方法引入汽车零部件行业的仓库管理工作中。

　　PDCA 循环法是一种科学的管理方法，P，D，C，A 是英文 plan（计划），do（实施），check（检查）、action（处理）四个单词的第一个字母，所谓按 PDCA 循环法进行工作，就是把需要融进 PDCA 循环法的工作分为四个阶段和八个步骤，并通过不断循环来达到提高管理水平的目的。

　　1. 计划阶段

　　广义地讲就是具体制定企业质量计划，提出总的质量目标。狭义地讲就是对某一项具体工作制定计划，提出总的目标。具体来讲又分为以下四个步骤：

　　① 分析目前现状，找出存在的问题。分析仓储工作应从以下几方面着手：首先，分析库容、人员、库存结构、库存设置、通风条件等；其次，物品的验收、保管、通风条件等；最后，从以上分析中找出存在的问题，以便为下一步工作提供条件。

　　② 经分析产生问题的各种原因以及影响因素。仓储管理工作中容易出现的问题：a. 进货时的验收关。零部件行业的仓库进货，不仅是点点数字、查查件数，还要防止劣质汽车零部件进入仓库，把好验收的最后关头。b. 发货容易出现错误，给用户带来不必要的麻烦。c. 汽车零部件入库的码放以及平时的管理、保养。而造成这些问题的原因，均来源于保管人员的素质低下以及管理不够科学。

　　③ 分析并找出管理中的主要问题。在上一步骤中，我们分析出管理中的主要问题首先

是保管人员的素质；其次，管理措施的制定也要跟上。

④ 制订管理计划，确定管理要点。根据以上分析，对查找出的问题，要制定管理的措施、方案，明确管理的重点。制定管理方案时要注意整体的详尽性以及互相排斥性的原则。详尽性是指方案尽可能多些，排斥性是指选择甲方案就不能选择乙方案。

2. 实施阶段

实施阶段就是指按照制定的方案去执行。即在管理工作中全面执行制定的方案。

3. 检查阶段

检查实施计划的结果，这一阶段是比较重要的一个阶段。它是对所实施方案是否合理、是否可行、有何不妥的检查。通过检查工作，调查实施效果，为下一阶段工作提供条件。

4. 处理阶段

处理阶段包括以下两个步骤：

① 加以标准化，即把已成功的可行的条文进行标准化，将这些纳入到制度、规定中，防止以后再发生。

② 找出尚未解决的问题，转入到下一个循环中去，以便解决。PDCA 循环法是一种科学的工作方式，因而将其利用到汽车零部件行业的仓储工作中很有必要。目前，国内汽车零部件行业中的仓储管理工作比较落后，跟不上时代发展。存在的问题一是保管人员的素质很低，一般只求能发货即可。二是堆放零部件的不科学性，零部件货架放货很随便，做不到"五号定位"（即统一体号、区号、架号、层号、位号）。三是对库存货物的保养不及时，不认真，甚至常年不动，一些汽车零部件出现生锈、粘在一起的现象，造成不必要的损失。四是入库验收不严，使得一些劣质零部件流入仓库，造成库存积压。

因此，在引入 PDCA 循环法的时候，要针对行业问题制定计划，其重点是要解决保管人员的素质问题。同时，随着科学技术的进步，逐步向计算机化过渡，使仓储工作走上科学化轨道。

二、广州本田特约维修服务站零部件仓库内的布局

1. 有效利用有限的空间

根据零部件的大小及库存量，按照小型零部件、中型零部件、大型零部件、长型零部件来进行分类放置，以节省空间。其具体做法是：用零部件纸盒来保存小型零部件、中型零部件；使用适当尺寸的零部件货架以及零部件纸盒；将不常用的零部件放在一起进行保管；留出用于保存新车型零部件的空间。没有用的零部件要及时废弃。

2. 防止零部件入库时发生错误

将零部件号码完全相同的零部件放在同一个零部件纸盒内。不要将零部件放在通道上或零部件货架的顶上。将货位号写在标签上。地面、墙壁、零部件货架、零部件纸盒的颜色要明快，提供适当亮度的照明。

3. 保证零部件的质量

仓库内要经常保持清洁。避免高温、潮湿，避免阳光直接照射。仓库内要禁止吸烟，要放置灭火器。

三、丰田仓储技术——丰田特约维修服务站零部件库房管理

丰田公司对汽车零部件库房管理——零部件仓储总结出 7 种仓储技术：

1. **垂直仓储**

垂直仓储可防止由于堆积、仓储的压力而损坏零件，节省空间，易于提货、装箱。例如将排气消声器垂直摆放于专用货架，而不是水平放置，就避免了由于配件过长突出到过道、危害工人并难于提货的问题，垂直摆放便于提货装箱，并减少空间浪费。

2. **按产品仓储**

将汽车配件分类，例如分为金属产品、箱装零件、塑料零件等，并分类存放，避免装箱、提货时损坏零件，减小空间浪费。

3. **重型零件放在下部低位**

出于安全和便于提货的考虑，应将重型零件放置在货架的下部低位，在提货、装箱时减少上下运动，以保证仓储环境安全便于安全操作。

4. **按每个零件号分开放置**

以配件号顺序储存配件，减少了寻找配件的时间，平均每件配件的寻找时间减少了 4 秒，并能减少制作货架标牌的位置数字位数，促进空位管理，方便盘点。

5. **按拿取的难易程度分放**

每个货架都有一定的高度，但汽车配件货架的高度一般不超过 1.8 m，按这个高度一般将货架分为三至四层，将周转速度快的零部件放置在货架中部为宜（伸手可及之处），方便装箱、提货时确认零部件，以减少时间。例如，可将丰田 4 500 汽车离合器摩擦衬片放置在货架伸手可及之处。

6. **非正规零件管理**

例如，将盘点时发现的损毁零件放置在货架顶部，便于完全直观检查，提醒库房管理人员处理这些零件，在库房专辟一个存放报废零件的货区等。

7. **按零件的周转速度仓储**

将周转速度快的零件放置在离库房提货区近的位置，方便提货，减少提货时间。在进行汽车零件库房配件仓储设计时，随着汽车配件周期性的变化，例如春季和秋季以保养类零件需求多，应重点存储，而冬季由于东北冰雪路面易于出现突发性故障，外饰件需求多（风挡玻璃、翼子板、车灯等），需要在库房对汽车配件的摆放进行调整，并不一定完全遵循上述这 7 种仓储技术，因为汽车配件仓储的主要内容就是如何利用有限的空间存储更多的汽车零部件，但是一定要遵循以下几个原则：安全、质量和效率。

思 考 题

一、判断题

1. 仓库管理的基本任务，就是搞好汽车配件的进库、保管和出库工作。
2. 入库验收，包括时间、数量和质量几个方面的验收。
3. 汽车配件的保管应该账物相符。
4. 汽车配件保养主要要注意防尘、防潮、防高温、防照射。

5. 汽车配件的消防工作就是灭火和防火。

二、简答题

1. 汽车配件入库程序是什么？

2. 汽车配件的在库管理包含哪些方面？

3. 仓库里的配件堆码具体要求是什么？

4. 在汽车配件仓库管理中如何应用 ABC 分析法？

5. 如何将 PDCA 管理方法引入汽车零部件行业的仓库管理工作？

学习任务 5

汽车配件销售

 **学习目标**

通过本学习情境的探讨，要求学生具备以下能力：

1. 掌握汽车配件产品的销售业务。
2. 熟悉汽配的销售方式。
3. 运用汽车配件的营销策略进行销售。
4. 熟悉配件售后服务的工作内容。

任务描述

夏季来临，宏达汽配商店的新任老板根据库存情况，购进了一批捷达车用风扇，希望盈利。可是，按照日常的配件销售情况，销量并没有增加，导致夏季即将过去，产品积压。究其原因，商店没有开展营销活动，仍然依靠原有的销售方式，坐等顾客上门购买。那么，对于汽车配件的销售，如何进行才能更好地获利呢？这就需要我们学会汽车配件销售的方法，并且能够运用汽车配件的营销策略进行销售。现在我们就来学习相关的知识。

单元1 汽车配件的销售业务概述

单元要点

1. 汽车配件销售的特征。
2. 分销渠道的类型。
3. 汽车配件的销售方式。

 **相关知识**

一、汽车配件销售的特征

汽车配件销售与一般商品销售相比较，有以下特征：

1. 较强的专业技术性

现代汽车是融合了多种高新技术的集合体，其每一个零部件都具有严格的型号、规格、工况标准。要在不同型号汽车的成千上万个零件品种中为顾客精确、快速地查找出所需的配件，就必须有高度专业化的人员，并由计算机管理系统作为保障。从业人员既要掌握商品营销知识，又要掌握汽车配件专业知识、汽车材料知识、机械识图知识，学会识别各种汽车配件的车型、规格、性能、用途以及配件的商品检验知识。

2. 经营品种多样化

一辆汽车在整个运行周期中，约有 3 000 种零部件存在损坏和更换的可能，所以经营某一个车型的零配件就要涉及许多品种规格的配件。即使同一种品种规格的配件，国内有许多厂在生产，质量、价格差别很大，甚至还存在假冒伪劣产品，要为用户推荐货真价实的配件，也不是一件很容易的事。

3. 经营必须有相当数量的库存支持

由于汽车配件经营品种多样化以及汽车故障发生的随机性，经营者要将大部分资金用于库存储备和商品在途资金储备。

4. 经营必须有服务相配套

汽车是许多高新技术和常规技术的载体，经营必须有服务相配套，特别是技术服务至关重要。相对于一般生活用品而言，卖配件更重要的是搞服务、卖知识。

5. 配件销售的季节性

一年四季春夏秋冬这一不以人们意志为转移的自然规律，给汽车配件销售市场带来不同季节的需求。在春雨绵绵的季节里，为适应车辆在雨季行驶，需要车上的雨布。各种挡风玻璃、车窗升降器、电气雨刮器、刮水管及片、挡泥板、驾驶室等部件的需要就特别多。在热浪滚滚的夏季和早秋季节，因为气温高，发动机机件磨损大、火花塞、白金（断电触点）、气缸垫、进排气门、风扇带及冷却系部件等的需求特别多。在寒风凛冽的冬季，气温低，发动机难启动，对蓄电池、预热塞、起动机齿轮、飞轮齿环、防冻液、百叶窗、各种密封件等配件的需求就增多。由此可见，自然规律给汽车配件市场带来非常明显的季节需求趋势。调查资料显示，这种趋势所带来的销售额占总销售额的 30% ~ 40%。

6. 汽车配件销售的地域性

我国国土辽阔，有山地、高原、平原、乡村、城镇，并且不少地区海拔高度悬殊。这种地理环境，也给汽配销售市场带来地域性的不同需求。在城镇，特别是大、中城市，因人口稠密、物资较多、运输繁忙，汽车启动和停车次数较频繁，机件磨损较大，其所需启动、离合、制动、电器设备等部件的数量就较多。如一般省会城市，其公共汽车公司、运输公司的车辆，所需离合器摩擦片、离合器分离杠杆、前后制动片、起动机齿轮、飞轮齿环等部件一般就占上述各系品种总销售额的 40% ~ 50%。在山地高原，因山路多、弯道急、坡度大、颠簸频繁，汽车钢板弹簧就易断、易失去弹性，减振器部件也易坏，变速器件、传动部件易损耗，需要更换总成件也较多。由此可见，地理环境给汽配销售市场带来非常明显的影响。

二、分销渠道的类型

1. 经销中间商

汽车配件的经销中间商为批发商、零售商和其他销售商等，他们承担着商品流通职能，是汽车配件经销的主体。

从当今汽车配件市场发展趋势看，批发商和零售商的经营职能互相融合，成为批发兼零售的形式。

2. 代理中间商

代理中间商专门介绍客户或与客户磋商交易合同，但并不拥有商品的持有权。例如，代理人可以到各地去寻找零售商，根据取得订货单的多少获得佣金，但代理商本人并不购买商品，而由制造商直接向零售商发货。

这种形式具有信息灵、联系面广、生产企业控制力强、专业性强等特点。但是，它也有灵活性差、委托者担负经营风险和资金风险等缺陷，而且，在现阶段要寻找到符合要求的代理商很困难。于是就产生了代理制的过渡形式——特约经销商。这种方式适用于远距离销售，在制造商影响力较弱而产品又具有一定市场的地区最为适宜。

3. 超市连锁

超市连锁是新兴的汽车配件销售渠道。不成熟、混乱的汽车市场限制了中国汽车工业的发展，尤其是轿车工业及汽车的普及。缺乏统一的售后服务市场标准，汽车配件流通的环节过多，不透明的黑箱效应损害了消费者的利益。经营者不规范的经营行为所带来的假冒伪劣产品的泛滥，维修行业维修质量的低下，都影响了汽车潜在用户的购车热情。以欧美等发达国家为例，成熟的售后服务市场的形成，为其汽车工业的发展打下了基础，并促进其发展。

超市连锁，无疑是发展中国的汽车配件行业可以采用的一种模式，而先进的具有中国特色的汽配城的出现，又为中国汽配行业的发展开拓了新的思路。

如今，汽配市场规模化的潮流使中国各地出现了一个又一个的汽配城。汽配城在形式上，将以前分散的汽车配件经销商聚集在一起进行交易，使汽车配件市场向标准化经营迈进了一步。资源相对集中，为进行有组织地配送、培训等"一条龙"服务奠定了物质基础。另外，还可以利用其网络优势和信息优势，采用电子商务手段。电子商务可以提升汽配城的经营水准，进一步扩大汽配城的区域效应，更有效地配置资源，使汽配城在原有功能基础上，成为全国范围内的地区性的配送中心和服务中心，更好地为商家、为客户提供便利的标准化服务。

4. 网络化营销

网络营销是利用网络资源展开营销活动，是目标营销、直接营销、分散营销、顾客导向营销、双向互动营销、远程或全球营销、虚拟营销、无纸化交易、顾客参与式营销的综合。其实质是利用互联网的技术和功能，通过信息的交互式流动，在虚拟的市场中实现交易。上网企业可以利用互联网，以很低的成本进行国内外商品信息的查询；对网上目标顾客进行产品测试与满意调查，让顾客自行设计产品，满足个性化需求；可在网上发布有关信息，进行广告、促销活动；可利用网络渠道进行直接的网上交易（主要是诸如电脑软件、电子图书、电子资料库等电子化产品，有的可使用电子货币），或配合传统的送货上门、结算完成交易过程；也可通过网络提供各种售后服务，建立顾客档案，与顾客进行一对一的双向互动沟通。由于渠道缩短，业务人员及管理人员的减少，企业内外部虚拟组织（如虚拟橱窗布置、虚拟商品、虚拟经销商、虚拟业务代表）的采用而导致的经理、代理及分店、门市数量的减少或消失，"按单制造，及时送货"所带来的库存成本及风险的减少，交易过程简化所带来的高交易效率与低交易成本，势必会大大降低营销成本，提高营销效率、质量和效益。

三、汽车配件的销售方式

1. 零售

相对整车而言，汽车配件的零售形式要丰富得多。从零售店经营的产品品种数目看，有三种零售形式：

（1）专营店

专营店也叫专卖店。这种配件销售店专门经营某一个汽车公司或某一种车型的汽车配件。国外多数汽车公司的配件都实行专卖。专卖店要么属于汽车公司，要么同汽车公司（或其他经销站、代理商）是合同关系。

（2）混合店

这种配件销售店，一般直接从各生产厂家或汽车公司进货，经营品种涉及各个汽车厂家各种车型的配件。

（3）超级市场

这种市场不仅规模大、品种全、价格合理、知名度高，而且还从事批发业务，这类市场的辐射力很强，形成以超级市场为中心的经营网络。例如，上海汽车工业零部件总汇，堪称为国内第一流的汽车配件经销店。

从零售店的集中程度看，有两种零售形式：① 分散店。这类汽车配件零售店一般分散在各个地方，周围可能只此一家汽车配件经销店。② 汽车配件一条街。这种一条街在我国许多城市都存在，一般位于较有影响的配件批发商附近，或在汽车贸易公司或汽车企业销售机构附近的地区。

从零售店的综合程度来看，多数零售店只是经营汽车或摩托车配件以及相关五金工业品，但也有综合性很强的大型零售店，有些类似于超级市场。这类大型店提供的服务不仅是经营各类汽车配件，还向客户提供加油、娱乐等多种服务。

2. 门市连锁店

从零售店的经营权看，一般零售店都是独立的，但有一类称为"连锁店"。这类汽车配件经销店一般同汽车配件主渠道——汽车配件公司连锁，由汽车配件公司对其进行规划、管理、技术指导、提供信息，并优惠供应配件。连锁店可以挂汽车配件公司牌子，但必须从汽车配件公司进货。

一个较大的汽车配件销售企业往往在一个地区设立几个门市部或跨地区、跨市设立门市部。在有多个门市部时，相互间的分工至关重要。有的按车型分工，如经营解放、东风或桑塔纳、捷达、奥迪配件等；有的各个门市部实行综合经营，不分车型；也有的二者兼有，既以综合经营为基础，各自又有一两个特色车型。

（1）门市销售的柜组分工方式

在一个门市部内部各柜组的经营分工，一般有两种方式，一是按品种系列分柜组，一是按车型分柜组。

① 按品种系列分柜组。经营的所有配件，不分车型，而是按部、系、品名分柜组经营，如经营发动机系配件的柜组，叫发动机柜组；经营通用工具及通用电器的柜组，叫通用柜

组；经营化油器等配件的柜组，叫化杂件柜组等。

这种柜组分工方式的优点是比较适合专业化分工的要求。因为汽车配件的系统是按照配件在一部整车的几个构成部分来划分的，如分为发动机系、离合变速系、传动轮轴系等比较能够结合商品的本质特点；或将金属机械配件归为一类，化学件归为一类，电器产品归为一类，这种划分方式有利于经营人员深入了解商品的性能特点、材质、工艺等商品知识。汽车配件品种繁多，对于营业员来说，学会他本人经营的那部分配件品种的商品知识，比学会某一车型全部配件的商品知识要容易得多，这样能较快地掌握所经营品种的品名、质量、价格及通用互换常识。尤其在进口维修配件的经营中，由于车型繁杂，而每种车型的保有量又不太多，因此按品种系列分柜组比较好。再就是某些配件的通用互换性，哪些品种可以与国产车型的配件通用，往往需要用户提供，有的则需要从实物的对比中得出结论。如果不按品种系列，而按车型经营，遇到上述情况，就有许多不便。

②按车型分柜组。按不同车型分柜组，如分成桑塔纳、富康、捷达、奥迪、东风、解放柜组等。每个柜组经营一个或两个车型的全部品种。

改革开放以来，由于在一些专业运输单位及厂矿企业实行了承包责任制，每一个承包单位拥有的车型种类不多。中小型企业及个体用户，大多拥有一种或几种车型。所以目前的汽车配件用户，以中小型用户为主。这些中小型用户的配件采购计划往往是按车型划分，所以一份采购单，只要在一个柜组便可全部备齐，无须分别到若干个柜台开票，而只需集中到一个柜组的 1~2 个柜台，便可解决全部需要。

另外按车型分工还可与整车厂编印的配件样本目录相一致，当向汽车厂提出要货时，经营企业可以很便利地编制以车型划分的进货计划。

按车型分柜组也有利于进行经济核算，便于管理。若孤立地经营不同车型的部分品种，难以考核经济效益。按车型分工经营，根据社会车型保有量统计数据，把进货、销量库存、资金占用、费用、资金周转几项经济指标落实到柜组，在此基础上实行利润包干形式的经济责任制，有利于企业管理的规范化。

但这种方法也有缺点，那就是每个柜组经营品种繁多，对营业员的要求高，他们需要熟悉所经营车型每种商品的性能、特点、材质、价格及产地等情况，这不是一件很容易的事，而且当一种配件可以通用几个车型时，往往容易造成重复进货、重复经营。由此可见，两种柜组分工方式各有利弊，可根据具体条件决定。

（2）门市橱窗陈列和柜台货架摆放

对汽车配件门市部来讲，陈列商品十分重要。通过陈列样品，可以加深顾客对配件的了解，以便选购。尤其对一些新产品和通用产品，更能通过样品陈列起到极大的宣传作用。

门市的商品陈列，包括橱窗商品陈列，柜台、货架商品陈列，架顶陈列，壁挂陈列和平地陈列等。

橱窗商品陈列是利用商店临街的橱窗专门展示样品，是商业广告的一种主要形式。橱窗陈列商品一要有代表性，体现出企业的特色，如主营汽车轮胎的商店，要将不同规格厂同形状的轮胎巧妙地摆出来；二要美观大方，引人注目。

柜台、货架商品陈列，也叫做商品摆布，它有既陈列又销售、更换频繁的特点。柜台、货架陈列是营业员的经常性工作。商店中最主要陈列汽车配件中的小件商品，如火花塞、皮碗、修理包、各类油封等，适合此类陈列方式。

架顶陈列是在货架的顶部陈列商品，特点是占用上部空间位置，架顶商品陈列的视野范围较高，顾客容易观看，这种方式一般适合相关产品，如机油、美容清洗剂等商品的陈列。

壁挂陈列一般是在墙壁上设置悬挂陈列架来陈列商品，适用于质量较轻的配件，如轮胎、皮带等。

平地陈列是将体积大而笨重的、无法摆上货架或柜台的商品，在营业场地的地面上陈列，如电瓶、发动机总成、离合器总成等。

商品陈列的注意事项：

① 易于顾客辨认，满足顾客要求。要将商品摆得成行成列、整齐、有条理、多而不乱、易于辨认。

② 库有柜有、明码标价。陈列的商品要明码标价，有货有价。商品随销随补，不断档、不空架，把所有待销售的商品展示在顾客面前。

③ 定位定量摆放。摆放商品要定位定量，不要随便移动，以利于营业员取放、盘点，提高工作效率。

④ 分类、分等摆放。应按商品的品种、系列、质量等级等有规律地摆放，以便于用户挑选。

⑤ 连带商品摆放。把使用上有联系的商品，摆放在一起陈列，这样能引起顾客的联想，具有销售上的连带效应。

单元 2   汽车配件营销策略

 **单元要点**

1. 汽车配件促销策略。
2. 汽车配件产品策略。

相关知识

一、汽车配件促销策略

1. 促销与促销组合的概念及作用

（1）促销与促销组合的概念

所谓促销是指企业营销部门通过一定的方式，将企业的产品信息及购买途径传递给目标用户，从而激发用户的购买兴趣，强化购买欲望，甚至创造需求，从而促进企业产品销售的一系列活动。促销的实质是传播与沟通信息，其目的是要促进销售、提高企业的市场占有率及增加企业的收益。为了沟通市场信息，企业可以采取两种方式：一是单向沟通，即由

"卖方→买方"的沟通,如广告、陈列、说明书、宣传报道等,或由"买方→卖方"的沟通,如用户意见书、评议等。二是双向沟通,如上门推销、现场销售等方式,即是买卖双方相互沟通信息和意见的形式。

现代市场营销将上述促销方式归纳为四种类型:人员推销、广告、营业推广和公共关系,并将这四种方式的运用搭配称为促销组合。促销组合策略就是对这四种促销方式组合搭配和运用的决策。对汽车市场营销而言,促销手段还应包括一种重要的促销方式,即销售技术服务(含售后服务)。可以说,在现代的汽车市场上,没有销售技术服务,尤其是没有售后服务,企业就没有市场;服务不能满足用户要求,企业也将失去市场,这一促销方式对汽车产品销售而言具有更为重要的意义。所以,汽车产品的促销组合即是以上四种方式和技术服务的组合与搭配,相应的决策即为汽车产品的促销组合策略。

(2)促销组合的作用

促销活动对企业的生产经营意义重大,是企业市场营销的重要内容。促销的作用不仅对不知名的产品和新产品意义深远,而且对名牌产品同样重要。那种"好酒不怕巷子深"的观念已经越来越不能适应现代市场竞争的需要,是应当摒弃的落后观念。在现代社会中,促销活动至少有以下重要作用:

① 提供商业信息。通过促销宣传,可以使用户知道企业生产经营什么产品,有什么特点,到什么地方购买,购买的条件是什么等,从而引起顾客注意,激发并强化购买欲望,为实现和扩大销售作好舆论准备。

② 突出产品特点,提高竞争能力。促销活动通过宣传企业的产品特点,提高产品和企业的知名度,加深顾客的了解和喜爱,增强信任感,也就提高了企业和产品的竞争力。

③ 强化企业的形象,巩固市场地位。恰当的促销活动可以树立良好的企业形象和商品形象,能使顾客对企业及其产品产生好感,从而培养和提高用户的忠诚度,形成稳定的用户群,可以不断地巩固和扩大市场占有率。

④ 刺激需求,影响用户的购买倾向,开拓市场。这种作用尤其对企业新产品推向市场,效果更为明显一些。企业通过促销活动诱导需求,有利于新产品打入市场和建立声誉。促销也有利于培育潜在需要,为企业持久地挖掘潜在市场提供了可能性。

总之,促销的作用就是花钱买市场。但企业在促销组合决策时,应有针对性地选择好各种促销方式的搭配,兼顾促销效果与促销成本的关系。

2. 促销组合策略

促销组合策略实质上就是对促销预算如何在各种方式之间进行合理分配的决策。企业在作这些决策时,除了要考虑各种方式的特点与效果外,还要考虑如下因素:

(1)产品的种类和市场类型

汽车配件产品的种类繁多,因此所采取的促销方式和策略应根据市场的不同而灵活变化。例如,重型汽车因使用上的相对集中,市场也比较集中,因而人员推销对促进重型汽车的销售,效果较好;而轻型汽车、微型汽车由于市场分散,所以广告对促进这类汽车销售的效果就更好。总之,市场比较集中的汽车产品,人员推销的效果最好,营业推广和广告次之。反之,市场的需求越分散,广告效果越好。

(2)促销的思路

企业促销活动的思路有"推动"与"拉引"之别。所谓"推动"就是以中间商为主要促销对象，将产品推向销售渠道，进而推向用户；"拉引"则是以最终用户为主要促销对象，引起并强化购买者的兴趣和欲望，吸引用户购买。显然，在"推动"思路指导下，企业便会采用人员推销方式向中间商促销，而"拉引"则会广泛采用广告等策略，以吸引最终用户。

（3）产品所处的生命周期阶段

当产品处于导入期时，需要进行广泛的宣传，以提高知名度，因而广告的效果最佳，营业推广也有相当作用。当产品处于成长期时，广告和公共关系仍需加强，营业推广则可相对减少。产品进入成熟期时，应增加营业推广，削弱广告，因为此时大多数用户已经了解这一产品，在此阶段应大力进行人员推销，以便与竞争对手争夺客户。产品进入衰退期时，某些营业推广措施仍可适当保持，广告则可以停止。

总之，企业在充分了解各种促销方式的特点，并考虑影响汽车配件促销方式各种因素的前提下，才能做出最佳的促销组合决策。

二、汽车配件产品策略

1. 汽车配件产品

（1）汽车配件产品的概念

按照 GB/T 19000 系列标准，产品定义是："活动或过程的结果"或者"活动或过程本身"。该定义给出的产品概念，既可以是有形的，如各种实物；也可以是无形的，如服务、软件；还可以是有形与无形的组合，如实施一个由计算机控制的某种产品的生产过程。这是现代社会对产品概念的完整理解。

对汽车配件产品来讲，用户需要的是汽车能够满足自己运输或交通的需要，以及满足自己心理和精神上的需要，如身份、地位、富贵、舒适等。尤其是那些轿车用户更是如此。此外，汽车产品的用户还希望生产厂家能够提供优质的售后服务，如备件充裕、维修网点多、上门服务、"三包"（即包修、包退、包换），等等。

由此可见，现代市场营销产品的概念是一个包含多层次内容的整体概念，而不单是指某种具体的、有形的东西。一般来说，汽车配件产品分为 5 个层次，即实质产品、形式产品、期望产品、延伸产品、潜在产品。

实质产品是核心。企业必须要在实质产品上下工夫，不断开发适合顾客需要的新品种，并提高产品质量，才能更好地满足用户的需要。在抓实质产品的同时，也要抓好形式产品和其他扩增产品。形式产品与实质产品的外观质量紧密联系在一起，与企业的整体形象也紧密联系在一起，是顾客购买商品前和购买商品时首先获得的印象，对激发顾客购买欲望具有促进作用。

（2）汽车配件产品的质量

产品质量是产品的生命，是竞争力的源泉。优良的质量对企业赢得信誉、树立形象、满足用户需要、占领市场和增加收益都具有决定性意义。因此，国内外一切精明的、成功的企业家，都毫不例外地重视自己产品的质量，并不断设法提高产品质量。

汽车配件产品的标准化、通用化、系列化（即"三化"），不仅是产品质量的重要内容，也是企业经营策略的重要内容之一，是提高产品水平和竞争能力的重要措施。就汽车工业企业来讲，产品质量的技术标准决策的内容主要有两个：一是贯彻执行国家（国际）标准、机械工业及汽车工业的行业标准（部颁标准），以及企业内部制定的质量标准。总之，有标准规定的要执行标准规定，没有标准规定的，企业也要做好企业的标准工作。二是企业要结合其经营战略，做好企业产品型谱的标准工作，力求有一个符合企业经营战略、布局合理的产品型谱（车型系列）。总之，只有搞好产品的标准化，才能在市场上货畅其流。因此，在产品开发中要注意"标准"，使产品符合国际标准和国外先进标准。

2. 汽车配件产品组合策略

一个汽车配件企业可能生产或经营多种产品。这些产品在市场的相对地位以及对企业的贡献大小不同。企业要在竞争激烈的市场上取得优势，就必须依照消费者的需求和自身实力对安排生产和营销哪些产品以及如何组合进行策划与决策，这就有个产品组合的概念。

（1）基本概念

① 产品组合。产品组合是指一个企业所生产销售的全部产品的结构，包括所有产品线和产品项目的组合。

② 产品线。产品线是指密切相关的一组产品，这些产品具有相同的使用功能，售予同类顾客群，满足消费者类似的需求，只是在规格、型号上有所不同，如万向集团向市场提供万向节、轴承、等速驱动轴、传动轴、制动器、减震器、滚动体、橡胶密封件等八类产品，形成了八条产品线。产品线由产品项目组成。一般每一条产品线有专门的管理人员进行管理。

③ 产品项目。产品项目是每条产品线中的具体的规格、型号、款式、质量的产品，是产品目录中列出的每一个明确的产品单位。

④ 产品组合的宽度。指企业所拥有的产品线的数目。如万向集团拥有八条产品线，其产品宽度为8。一般，企业越是多元化经营，其产品组合宽度就越大。

⑤ 产品组合的深度。指每条产品线包含的产品项目的数量，不同产品线下具体型号的产品个数可能不同，即产品组合的深度因产品线的不同而有所不同。

⑥ 产品组合的长度。指所有产品项目总数，即企业所生产的不同产品线下不同产品项目的总和。

⑦ 产品组合的相容度。指企业内部所拥有的各条产品线之间在最终用途、生产条件、分销渠道等方面的关联程度。如果关联程度大，则相容度高，反之，则相容度低。

（2）产品组合策略

汽车配件企业可以通过扩大产品组合的宽度、增加产品组合的深度、长度等来增强企业的竞争能力，这就是产品组合策略的研究。

① 扩大产品组合。扩大产品组合，可通过增加产品组合的宽度或深度来实现。增加产品组合的宽度即在目前的产品组合中增加新的产品线，新产品线可能和原有的产品线相关，如汽车橡胶厂生产汽车密封垫；也可能不相关，如汽车橡胶厂生产轴承。

增加产品组合的深度即在原有的产品线基础上开发新规格、新型号的产品。如某汽车配件企业主要生产中型载重汽车后桥传动齿轮，目前随着国内重型载重汽车销售量的增加，重型载重汽车后桥传动齿轮的需求量也在不断递增。该配件企业以市场为导向开发重型载重汽车后桥齿轮，此举即扩大产品组合的深度。此外产品组合深度的扩大可通过产品档次的延伸来实现，有三种延伸方式：

向下延伸，即在原有的高档产品中增加中低档产品项目。当高档品的市场需求逐渐减少，或高档品市场竞争激烈，企业需要利用其在高档品市场中的良好声誉，吸引收入层次低和对价格敏感的消费者，适宜采用向下延伸方式。这样有利于企业产品大众化，扩大企业的市场份额，但低档品可能影响企业的高端品牌形象。

向上延伸，即在原来定位于中低档产品线中增加高档产品项目。当随着人们收入水平的提高，高档品的市场需求增加，或企业想通过生产高档品，增加利润、提高品牌形象，适宜采用向上延伸方式。这样有利于提高企业整体形象及产品形象，丰富产品线，但消费者可能对此类企业生产的高档品抱怀疑的态度，从而对高档品打开市场销路造成一定的困难。因此，如何树立消费者信心，赢得消费者对高档品的信任，做好宣传工作，对采用此种方式的企业尤为重要。

双向延伸，即在原来的产品线中同时增加高档和低档的产品项目。由于该种延伸途径需要增加相当大的投资量，风险增大，要求企业具有一定的实力，特别适合于新兴行业中的企业采用。

② 缩减产品组合。缩减产品组合，即减少产品组合的宽度或深度。当某产品系列进入生命周期衰退期的时候，说明该类产品将逐渐退出市场，这时就需要缩减；或某种产品市场不景气，销售量、利润率大幅下降，可进行缩减；或企业实力不足、资源紧缺时，可缩减次要产品项目或非主营产品系列。

3. 汽车配件产品品牌和商标策略

(1) 品牌的含义

美国市场营销协会定义：品牌是用以识别一个或一群出售之产品，并与其他竞争者相区别的名称、名词、符号和设计，或者以上四种之组合。品牌是一个集合的概念，由以下两部分组成：

① 品牌名称：品牌中可以发出声音的部分，如河南省中原内配股份有限公司生产的"河阳牌"汽缸套被认定为"中国驰名商标"，"河阳牌"即品牌名称。

② 品牌标志：品牌中不能发出声音，但可以辨认的部分，通常是一些符号、图案、颜色、字体等。如米其林的品牌标志是一只可爱的毛毛虫。

品牌是企业的一种无形资产，是企业塑造形象、知名度和美誉度的基石。从一个品牌上能辨别出该产品制造商的某些价值感和文化理念，即使是同样的产品，贴上不同的品牌标识，也会产生悬殊的价格；品牌还可以通过与顾客建立品牌偏好，有效降低宣传和新产品开发的成本。品牌也能体现购买或使用这种产品的消费者，反映他们的购买利益、个性、收入状况等。

(2) 商标

品牌中的某些部分或全部在国家工商行政管理总局商标局注册登记后，即为商标。如果说汽车配件品牌可以由企业随意制定，那么商标则是一个法律概念，是国家对汽车配件品牌和产品质量认可的证明。因此，商标与品牌在形式上没有区别，只不过商标受法律保护，而品牌没有。这样，商标不仅具有品牌的所有职能，而且具有品牌所不具有的特殊职能，即保护汽车配件品牌、积累无形资产的职能。特别是驰名商标的保护不同于普通商标仅限于相同或相似的商品，驰名商标采取跨类保护，只要认定为驰名商标，其他企业在其任何商品中均不得采用该驰名商标。因此驰名商标能够为企业带来巨大的经济效益，有利于企业在市场经济中巩固地位，对抗恶意抢注、不同商品的相似商标影响等一系列问题。

由于品牌不等于商标，精明的生产厂家们就会"未雨绸缪"，将未来可能用的品牌注册在先，"先起名后生子"。

（3）品牌使用者策略

品牌使用者策略是指企业决定在产品上使用生产者品牌或是中间商品牌。

① 制造商品牌。汽车配件制造商生产的产品使用自己的品牌称为制造商品牌。传统上的品牌都属于这种策略，由制造商自己生产产品、设计品牌。此策略有利于促进新产品上市，当品牌有了一定知名度后，销售商也会乐意推销制造商品牌的产品。

② 中间商品牌。配件产品的销售商使用的品牌称为中间商品牌。中间商使用自己的品牌有利于增强与制造商的砍价能力，在同类的经销商中赢得消费者的信任，形成销售商自己的品牌知名度和顾客忠诚度。不知名或小型配件制造商大多希望通过这种中间商将产品打入市场。近年来，有声誉的销售商都倾向于建立和宣传自己的品牌，因此，将来除了实力雄厚的著名品牌外，制造商品牌将逐渐被中间商品牌所取代。汽车配件业中的 AEC "车路饰"、蓝霸、黄帽子等都属于连锁配件中间商品牌。

（4）家族品牌策略

如果汽车配件企业决定其产品使用自己的品牌外，还要进一步决定其产品使用统一的品牌还是不同的品牌，这就是家族品牌策略。

① 统一品牌策略。指汽车配件企业所生产的所有产品采用同样的品牌，也成为单一品牌策略，这种品牌策略可以大大节约推销费用，从广告宣传的角度看，企业生产的所有配件均使用同一品牌，不但可以提高该品牌的展露度，出镜率，从而使企业的知名度和美誉度得以提高，而且可以借助该品牌的信誉和形象，来提携新开发的产品，但只有在该家族品牌已在市场上享有盛誉，而且各种产品有相同的质量水平时，该策略才行之有效，否则某一产品的问题会危及整个企业的信誉。即使用统一品牌可以产生"一荣俱荣"的结果，但在某种情况下也可能"一损俱损"。

② 个别品牌策略。所谓个别品牌策略，即多品牌策略，是指以不同的品牌，分别表示不同的产品。这样，企业的整体声誉不会因为个别产品的失败受到影响，同时有利于企业发展不同档次的产品，满足不同层次的消费者需求，形成了对竞争对手的立体封锁网络。如米其林公司采用的就是多品牌策略，不同档次、不同定位的轮胎品牌有米其林、百路驰和回力。米其林定位在高端市场，这一品牌目标消费者注重最好的质量以及创新的科技；回力品牌定位在对轮胎质量和价格两方面都有所考虑的用户群；百路驰品牌则面向年轻、追求激情和时尚的消费者。不同的品牌建立的是不同的形象，使客户可以根据自身需求选择不同子品牌的米其林轮胎，因此米其林公司在终端市场上形成了强大的产品线，顾客在不同品牌倾向和不同价格倾向时都会有更多的选择。但多品牌策略使得企业因此要增加品牌设计和品牌营销成本。

4. 汽车配件产品包装决策

包装是指为产品设计并生产容器或包扎物的活动。汽车配件的包装材料一般要求：材料本身应对金属无腐蚀作用，透水透气性小，具有一定的隔离作用而且可靠。

汽车配件的内包装及箱装衬垫材料有下列种类：

（1）纸类包装材料

① 羊皮纸：供精密零件。

② 仿羊皮纸：纸质稍坚韧，用于要求较高的电器配件、零件的内包装。

③ 中性石蜡纸：为含有2%硬脂酸铝的石蜡浸涂中性纸，防潮性能好，适用于一般配件内包装用。

④ 牛皮纸：强度高，适用于经涂防锈油脂后的一般钢铁制金属配件内包装用。

（2）塑料薄膜及复合塑料薄膜类包装材料

① 塑料薄膜：透明、韧性好、可热焊、耐油耐酸，且能防水、防潮，供内包装用。

② 塑料复合纸：由塑料薄膜与防锈纸复合压制的包装材料，既能防锈又能防湿。

③ 铝型薄膜：由塑料薄膜与铝箔复合而成。铝箔的防水、防潮、不透气性较塑料薄膜更好，且能防紫外线，故包装性能优良，适用于精密零件、器材、仪表等的包装。在国外进口配件的大型综合包装箱中常见。

（3）汽车配件的内包装

① 在较精密的汽车电器电子仪表配件中，包装内也常放置干燥剂来吸收潮气，增强防潮、防锈效果。其特性是吸湿能力强，而且能烘干后再用，使用方便，性能稳定。

② 汽车配件的储存和包装中，最常见的为硅胶，或称防潮砂。为一种坚硬多孔玻璃状不规则的球形颗粒。

三、汽车配件价格策略

在市场营销的四个基本要素中价格是营销组合中最灵活的因素，它与产品特征和渠道不同，它的变化是异常迅速的。因此，价格策略是企业营销组合的重要因素之一，它直接地决定着企业市场份额的大小和赢利率高低。随着营销环境的日益复杂，汽车配件产品定价是一项复杂的系统化工作，制定价格策略的难度越来越大，必须考虑多方面的因素，不仅要考虑成本补偿问题，还要考虑消费者接受能力和竞争状况。

1. 影响汽车配件定价的主要因素

（1）成本

成本是产品价格的主要组成部分，是定价的基础因素。产品价格必须能够补偿产品的成本才能够有利可图。全部成本包括固定成本和变动成本。固定成本是指在一定的经营规模范围内，不会随着生产量的变动而变动的成本，如厂房租金、设备购置费、管理人员薪金等成本；变动成本是指会随着产量的增减而发生变动的成本，如原材料、燃料、生产职工的工资等直接成本。

（2）市场供求关系

产品价格除受成本影响外，还受市场需求的影响，即受商品供给与需求的相互关系的影响。当商品的市场需求大于供给时，价格应高一些；当商品的市场需求小于供给时，价格应低一些。反过来，价格变动影响市场需求总量，从而影响销售量，进而影响企业目标的实现。因此，企业制定价格就必须了解价格变动对市场需求的影响程度。

（3）竞争因素

通常，企业产品最低价格取决于产品的总成本，最高价格取决于市场需求状况，在最高与最低价格的幅度内，企业能定多高的价格则取决于同类产品的市场竞争情况，因此市场竞争也是影响价格制定的重要因素。企业在定价时，必须考虑到竞争者产品的价格水平和质量水平。如果本企业产品和竞争者产品相比没有优势，则价格不宜过高；如果比竞争产品有明显优势，则可相对定得高些。

除了考虑成本、需求、竞争等主要因素外，汽车配件企业在定价时还应研究整个社会经济状况、政府的法律政策以及配件企业自身的整体营销战略。

2. 汽车配件产品定价目标

定价目标是指企业通过制定一定水平的价格，所要达到的预期目的。定价目标一般可分为利润目标、销售额目标、市场占有率目标和生存目标等。

（1）利润目标

价格是实现利润的重要手段，获得最大利润也就成为企业定价的主要目标。许多企业都想制定一个能够使当期利润达到最大的目标价格。它们对需求和成本进行估计，并同可供选择的价格联系起来，选定一种价格，能够产生最大的当期利润、现金流量或投资收益率。以该目标确定汽车配件产品的价格，被定价产品必须要求市场信誉高，在目标市场上占有优势地位。因此，这种定价目标比较适合处于成熟期的名牌汽车配件产品。以利润为定价目标主要分为以下三种：

① 预期利润目标。即获取预期收益目标，指企业以预期利润为定价基点，以利润加上产品完全成本构成价格出售产品，从而获取预期收益。在确定预期利润的高低时，应当考虑产品的质量、功能、消费者对价格的反应程度及市场竞争状况等各种因素。一般说来，预期利润适中，可以获得长期稳定的收入。

② 最大利润目标。指企业综合分析市场竞争、消费需求量、各种成本费用后，以总收入减去总成本的差额最大化为定价基点，确定产品价格，争取最大利润。最大利润有长期和短期之分，还有单一产品最大利润和企业全部产品综合最大利润之别。一般而言，企业追求的应该是长期的、全部产品的综合最大利润，这样，企业就可以取得较大的市场竞争优势，占领和扩大更多的市场份额，拥有更好的发展前景。当然，对于一些中小型企业、产品生命周期较短的企业、产品在市场上供不应求的企业等，也可以谋求短期最大利润。

最大利润目标并不必然导致高价，价格太高，会导致销售量下降，利润总额可能因此而减少。有时，高额利润是通过采用低价策略，待占领市场后再逐步提价来获得的；有时，企业可以采用招徕定价艺术，对部分产品定低价，赔钱销售，以扩大影响，招徕顾客，带动其他产品的销售，进而谋取最大的整体效益。以最大利润为目标，尽管从理论上讲十分完美，也十分诱人，但实际运用时常常会受到各种限制。

③ 合理利润目标。它是指企业在补偿社会平均成本的基础上，适当地加上一定量的利润作为商品价格，以获取正常情况下合理利润的一种定价目标。以适度利润为目标使产品价格不会显得太高，从而可以阻止激烈的市场竞争，或由于某些企业为了协调投资者和消费者的关系，树立良好的企业形象，而以适度利润为其目标。

由于以适度利润为目标确定的价格不仅使企业可以避免不必要的竞争，又能获得长期利润，而且由于价格适中，消费者愿意接受，还符合政府的价格指导方针，因此这是一种兼顾企业利益和社会利益的定价目标。但是，适度利润的实现，必须充分考虑产销量、投资成本、竞争格局和市场接受程度等因素。

（2）销售额目标

这种定价目标是在保证一定利润水平的前提下，谋求销售额的最大化。某种产品在一定时期、一定市场状况下的销售额由该产品的销售量和价格共同决定，因此销售额的最大化既不等于销量最大，也不等于价格最高。对于需求的价格弹性较大的汽车配件产品，降低价格而导致的损失可以由销量的增加而得到补偿，因此企业宜采用薄利多销策略，保证在总利润不低于企业最低利润的条件下，尽量降低价格，促进销售，扩大赢利；反之，若汽车配件产品的需求价格弹性较小时，降价会导致收入减少，而提价则使销售额增加，企业应该采用高价、厚利、限销的策略。

采用销售额目标时，确保企业的利润水平尤为重要。这是因为销售额的增加，并不必然带来利润的增加。有些企业的销售额上升到一定程度，利润就很难上升，甚至销售额越大，亏损越多。因此，销售额和利润必须同时考虑。在两者发生矛盾时，除非是特殊情况（如为了尽量回收现金），应以保证最低利润为原则。

（3）市场占有率最大化目标

市场占有率，又称市场份额，是指企业的销售额占整个行业销售额的百分比，或者是指某企业的某产品在某市场上的销量占同类产品在该市场销售总量的比重。市场占有率是企业经营状况和企业产品竞争力的直接反映。作为定价目标，市场占有率与利润的相关性很强，从长期来看，较高的市场占有率必然带来高利润。美国市场营销战略影响利润系统的分析指出：当市场占有率在10%以下时，投资收益率大约为8%；市场占有率在10%～20%之间时，投资收益率在14%以上；市场占有率在20%～30%之间时，投资收益率约为22%；市场占有率在30%～40%之间时，投资收益率约为24%；市场占有率在40%以上时，投资收益率约为29%。

保持市场占有率的定价目标的特征是根据竞争对手的价格水平不断调整价格，以保证足够的竞争优势，防止竞争对手占有自己的市场份额。扩大市场占有率的定价目标就是从竞争对手那里夺取市场份额，以达到扩大企业销售市场乃至控制整个市场的目的。通常采用的方法是以较长时间的低价策略来保持和扩大市场占有率，增强企业竞争力，最终获得最优利润。

（4）生存目标

企业如果生产力过剩或者遇到激烈的竞争或者改变消费者的需求时，都要把维持生存作为主要目标。为了维持企业能继续生产，存货能尽快周转，企业必须定低价，并且希望市场是价格敏感性的。此时利润就远没有生存重要。处在困境中的企业，例如克莱斯勒公司曾经为了生存而执行大规模的价格折扣方案。只要它的汽车配件产品的价格能够补偿可变成本和一些固定成本，它就能够立足。

3. 汽车配件产品的定价方法

产品价格是受诸多因素的影响，但企业在定价时通常有所侧重，即定价的基本依据不同，从而形成了不同的定价方法。定价的方法可分为三大类：成本导向定价法、需求导向定价法和竞争导向定价法。

（1）成本导向定价法

所谓成本导向定价法，就是指企业以提供产品过程中发生的成本为定价基础的定价方法。按照定价成本的性质不同，又可分为以下几种：

① 成本加成定价法。这是应用最普遍的一种方法，是以单位产品成本加上一定的成本加成率，即为该商品的出售价格。其计算公式为：

$$单位产品价格 = 单位产品成本 \times (1 + 加成率)$$

加成率即预期利润与产品总成本的百分比。

例 5 - 1：某汽车电子企业生产某小型电子配件的平均变动成本为 75 元，固定成本为 65 元，利润加成率为 40%，则这一小型录放机的售价是多少？

解：单位产品价格 = 单位产品成本 × (1 + 加成率)

　　　　　　　　　　= (7 + 65) × (1 + 40%)

　　　　　　　　　　= 196 （元）

这种定价方法简单易行，大大简化了企业定价程序。若多家汽车配件企业都采用这种方法，价格就会趋于相似，价格竞争就会减到最少。而且这种方法制定出的价格对买方和卖方来说都比较公平。但成本加成定价法按照习惯比例加成定价，忽视了市场需求和竞争因素，难以确保企业实现利润最大化。

② 盈亏平衡定价法。指销量既定条件下，企业产品收支相抵时对应的价格，即企业赢利为零时所对应的价格为盈亏平衡价格。也称为企业的保本价格。其计算公式为：

$$盈亏平衡价格 = 固定成本/盈亏平衡销售量 + 单位变动成本$$

例 5 - 2：某配件企业生产空滤，单位变动成本为 70 元，全部固定成本为 100 000 元，预计市场销量为 10 000 个，企业如何定价才能确保不致亏损？

解：盈亏平衡价格 = 固定成本/盈亏平衡销售量 + 单位变动成本

　　　　　　　　　　= 100 000/10 000 + 70

　　　　　　　　　　= 80 （元）

即企业定价至少为 80 元，销量达到 10 000 个时，企业才不致亏损。

盈亏平衡价格只能使企业的耗费得到补偿，而不能得到收益。虽无赢利可言，但企业能明确自己的价格底线，从而能在较大的范围内灵活掌握价格水平。但若运用这种定价法时，企业生产的产品应以能全部销售出去为前提条件。因此，企业应力求在保本点以上定价或扩大销售来取得赢利。

③ 边际贡献定价法。指在变动成本的基础上，加上预期边际贡献来计算价格的定价方法，所以也称变动成本定价法。边际贡献是指销售收入减去变动成本的余额，其计算公式为：

$$单位产品价格 = 单位变动成本$$
$$单位产品边际贡献 = 单位产品价格 - 单位变动成本$$

例 5 - 3：某汽配厂在一定时期内发生固定成本 800 000 元，单位变动成本 500 元，由于市场变化，按原价格出售找不到新客户，而且一时也无法生产其他产品。这时如有一批客户定购 8 000 个，报价为 680 元/套。那么，企业是否应该继续生产呢？

解： 根据盈亏平衡定价法，每个汽车坐椅保本价 = 800 000/8 000 + 600 = 700（元/套）

根据边际贡献定价法，单位产品价格 = 500 元

如果按照 680 元每套销售，该企业将损失 20 × 8 000 = 16（万元）。但如果不生产 80 万元的固定成本的损失不可避免。因此，在这种情况下只要能高于产品边际价格销售，生产比不生产好。

边际成本定价法改变了售价低于总成本便拒绝交易的传统做法，在竞争激烈的市场条件下或企业产品决策失误的情况下具有极大的定价灵活性，能避免损失进一步扩大，提高企业竞争力。

（2）需求导向定价法

现代市场营销观念要求，企业的一切生产经营必须以消费者需求为中心，制定价格也不例外。当根据市场需求状况和消费者对产品的感觉差异来确定价格，这种定价的方法叫做需求导向定价法，又称"顾客导向定价法"。这种定价法具体可分为以下两种：理解价值定价法和需求差别定价法。

① 理解值定价法。"理解价值"，也称"感受价值"，"认知价值"，是指消费者对产品价值的主观评判。理解价值定价法，是根据消费者对产品价值的理解程度来决定商品价格的一种方法。

理解值定价法的关键在于把自己的产品与竞争者的产品相比较，争取正确估计本企业的产品在消费者心目中的形象，找到准确的理解价值。如果估计过高，定价超过了消费者的价值判断，消费者就会拒绝购买；如果估价过低，定价低于消费者的价值判断，消费者又会不屑购买，造成企业的损失；只有当产品定价同消费者的价值判断大体一致时，消费者才会乐于购买。因此，汽车配件企业必须通过广泛的市场调研，了解购买者的需求偏好，根据汽车配件产品的性能、用途、质量、品牌、服务等要素，判定购买者对产品的理解价值，制定产品的初始价格。然后，在初始价格条件下，预测可能的销量，分析目标成本和销售收入，在比较成本与收入、销量与价格的基础上，确定该定价方案的可行性，并制定最终价格。

② 需求差别定价法。需求差异定价法指同一质量、功能、规格的商品，可以根据消费者需求的不同而采用不同的价格。即价格差别并非取决于成本的多少，而是取决于消费者需求的差异。这种定价法主要有以下几种形式：

因顾客而异的差别定价：如整车配套件和维修服务配件按两种价格销售，批发商和零售商采用不同的价格；因产品特点而异的差别定价：不同外观、花色、型号、规格、用途的配件产品，制定不同的价格；因地理位置而异的差别定价：如大城市中心位置配件专卖店的价格不同于郊区小型配件零售店的价格；因时间而异的差别定价：同一产品在不同季节、不同日子，甚至不同时点制定不同的价格，如在雨季，挡泥板的价格可能要高于冬季的价格。

由于需求差异定价法的特点是灵活有效地运用价格差异，对平均成本相同的同一产品，价格随市场需求的变化而变化，不与成本因素发生直接关系，可以使企业定价最大限度地符合市场需求，促进商品销售，有利于企业获取最佳的经济效益。因此在实践中得到广泛的运用。但是，实行需求差别定价不利于成本控制，且需求的差别不易精确控制。采用需求差别定价法应具备一定的条件：市场要能细分，且细分市场的需求差异较为明显；高价市场中不能有低价竞争者；价格差异适度，不会引起消费者的反感。

（3）竞争导向定价法

竞争导向定价法是指企业通过研究竞争对手的生产条件、服务状况、价格水平等因素，结合自身的竞争实力，以市场上竞争对手的价格为依据，随市场竞争状况的变化来确定和调整价格的定价法。竞争导向定价法具有在价格上排斥对手，扩大市场占有率的优点，适合竞争激烈的产品。一般可分为以下几种形式：

① 随行就市定价法。这是一种保守的定价法，指按照本行业同类产品的平均价格来定价的方法。这种方法的特点是：价格与商品成本和需求不发生直接关系；商品成本或市场需求变化了，但竞争者的价格未变，就应维持原价；反之，虽然成本或需求都没有变动，但竞争者的价格变动了，则应相应的调整其商品价格。当市场竞争较充分，市场上已经形成了一种行业价格，企业打算与其他竞争对手和平相处，且该类产品的需求弹性小时，就可采用随行就市定价法。采用这种方法可以避免挑起价格战，减少市场风险，获得适度利润，易为消费者所接受。因此，这种方法尤其为生产均质产品的企业采用，如钢材、轴承、弹簧、橡胶件等生产企业。

② 竞争价格定价法。这是一种主动竞争的定价法，指通过调查本企业产品与竞争者产品的差异状况，制定高于或低于对手价格的方法。此种方法适用于异质性比较明显的产品，当本企业产品存在明显优势，可以高于竞争者定价；当本企业产品没有明显优势，定价则低于竞争者。

③ 投标定价法。这是买方引导卖方通过竞争成交的一种方法。当整车企业新购配件、大宗物资采购中会采用，指在投标交易中，投标方根据招标方的规定和要求，并在估计竞争者的报价基础上进行报价的方法。如果标价过高，中标机会就会减小，如果标价过低，就不能保证适当利益。因此，这种方法最为关键的是要准确预测竞争者的价格意向，以求报价既能提高中标几率，同时也为企业带来合理的收益。所以在投标前本企业必须对同行业各企业的实力、经营状况有所了解，争取合适的报价。

4. 汽车配件产品定价策略

汽车配件产品的定价策略有折扣折让定价策略、心理定价策略、新产品定价策略等。

（1）折扣定价策略

汽车配件企业对其产品制定一个基本的价格后，通常会面对不同的情况给予价格优惠，以折扣和折让的手段来刺激用户和中间商，鼓励客户购买。

① 现金折扣。现金折扣是指企业对那些当时付款或在规定期内提前付款的顾客，予以一定的折扣。其目的在于鼓励顾客提前支付货款，加速资金周转，减少收账费用，降低呆账风险。例如，顾客在 30 天必须付清货款，如果 10 天内付清货款，则给以 2%的折扣。

② 数量折扣。数量折扣是指企业对大量购买某种产品或集中一家购买的顾客，予以不同的价格折扣。购买数量越大，折扣数也就越大。数量折扣的目的在于鼓励购买者大量购买，因为大量购买能使企业降低生产、销售、储运等环节的成本费用。数量折扣分累计数量折扣和非累计数量折扣。累计数量折扣，即规定在一定时期内顾客购买商品数量或金额达到一定的数额时，按总量计算给予一定比例的折扣，鼓励顾客多次购物，成为企业长期固定买主；非累计数量折扣，指当顾客一次购买商品的数量或金额达到规定的标准就给予一定的价格折扣，以鼓励顾客一次多购买，这种折扣可以避免买主向多个供应商购买，从而诱使其转

向特定的卖主。

③ 功能折扣。功能折扣又称交易折扣，是指企业依据各类中间商在市场营销中担负的功能不同，给予不同的价格折扣。折扣水平根据不同的中间商的性质、所承担的风险、提供的职能来订，一般给予批发商的折扣较大，零售商的折扣较小。例如，汽车配件生产商的报价为"500，折扣20%及5%"，表示给零售商的折扣是20%，卖给批发商则再折5%。其目的在于鼓励中间商充分发挥自己的功能，调动其积极性。

④ 季节折扣。季节折扣是指企业对销售淡季来采购的顾客，给予一定的价格折扣。汽车配件企业经营的某些汽车配件产品有明显的季节性，如雨刮片、挡泥板，制造商为了保持均衡生产、加速资金周转，会采用季节折扣来鼓励消费者反季节消费，使企业的生产和销售在一年四季保持稳定。

⑤ 折让策略。折让策略指企业从目录价格降价的一种策略，这种策略在汽车配件行业和其他类型的耐用消费品行业中使用得最普遍。主要有两种形式。其一是促销折让，指生产企业为了鼓励购买者而开展各种促销活动，给予某种程度的价格减让；其二是以旧换新折让，允许顾客在购买新货或新产品时，可以将旧货折算成一定的价格抵扣。如一个轮胎的价格是300元，顾客以旧胎折价60元购买，只需给付240元。

（2）新产品定价策略

新产品关系着企业的前途和发展方向，新产品的定价是否合适影响着新产品能否及时打开市场，最终获取目标利润有很大的关系。新产品的定价策略有三种：撇脂定价策略、渗透定价策略和满意定价策略。

① 撇脂定价策略，即高价策略。指在新产品投入市场时，将其价格尽可能定高，以获取最大利润。这种做法很像鲜奶中抽取奶油即取脂，这种策略也因此而得名。撇脂定价策略能够树立企业高档名牌产品形象，易于企业实现预期的利润，并为以后的价格调整留有充分的余地。但是高价极易诱发竞争，使企业获得高额利润的时间较短。这种策略适用的条件是：市场上有足够的购买者且需求缺乏弹性；最初的高价不会使得更多的竞争者加入；产品应品质优越、威望极高，高价就代表了产品的优质形象。

② 渗透定价策略，即低价策略。指汽车配件生产企业为了吸引顾客，扩大销售，提高市场占有率，实现赢利的目标，把自己生产的汽车配件新产品的价格定得低于市场上同类汽车配件产品的价格。渗透定价策略有利于迅速打开销路，阻止竞争者进入，便于企业长期占领市场。但是，企业的价格变动空间小。低价定价策略的适用条件是：产品为广大消费者所熟悉；市场对价格具有很强的敏感性，并且低价能刺激市场需求的增加；随着生产经验的积累，产品生产成本和销售成本也随之下降；低价会使现实的和潜在的竞争者失去兴趣，从而为本行业建造一个高的进入障碍。

③ 满意定价策略。也称为温和定价或君子定价策略，是介于上面两种策略之间的一种新产品定价策略，它是以获取社会平均利润为目标，把产品的价格定于高价与低价之间，使企业与消费者都能接受。这种策略比较稳妥，价格稳定，利润平稳，但是比较保守，有可能会失去赢利的机会。

（3）心理定价策略

在制定价格时，并不仅仅限于经济学原理的应用，还要考虑顾客的心理因素，即要考虑顾客对价格的主要心理认定趋势或取向。心理定价策略是企业迎合消费者的各种价格心理，而制定营销价格的定价策略。具体分为以下几种形式：

① 尾数定价策略。尾数定价策略是根据消费者习惯上认为有零数价格比整数价格便宜的心理定势，恰当保留价格尾数，而不取整数的一种定价策略。常用的尾数为 9 和 8，给消费者以便宜感和标价的精确感。如：某品牌汽车配件定价为 98 元，而不是 100 元，虽仅差 2元，但让消费者从心理上感到价格便宜。

② 整数定价策略。整数定价策略与尾数定价策略相反，指有意将商品的价格定为整数，不要零头的策略。以显示产品具有一定的质量，满足消费者显示自己的地位、声望、富有等心理需要，一般适用于价格较贵的耐用品、高级豪华商品或消费者不太了解的产品。

③ 声望定价策略。声望定价策略指利用消费者仰慕名牌产品或名店的心理来制定商品的价格，特意把商品价格定的奇高。质量不易鉴别地商品适合采用声望定价策略，因为在消费者心目中价格优势是质量的象征，认为高价代表着高质量，而且享受高价格的商品是一种社会地位的标志。这种策略迎合了消费者"人不识货钱识货"的心理，可以进一步提高企业和品牌在消费者心目中的地位，把价格定得高，既给消费者以心理满足，又可带来丰厚收益。

④ 招徕定价策略。指企业利用消费者的求廉心理，有意将少数几种商品的价格定得较低，以吸引和招揽顾客购买的一种策略。虽然低价品不挣钱，但由于低价品带动了其他产品的销售，从而达到了扩大销售的目的，使得企业的整体效益得以提升。

⑤ 习惯定价策略。指按照消费者的需求习惯和价格习惯定价的技巧。汽车消费者经常购买和使用的汽车配件，已经在心中形成了一种习惯性地价格标准，这类产品价格的上升或下降都会引起顾客的不满或怀疑，个别生产者很难改变这一价格，所以企业应该按某些购买习惯定价。

（4）产品组合定价策略

① 产品线定价策略。一个汽车配件企业通常不仅仅销售单一产品，而是销售各种各样的系列产品。这时企业就应当考虑各种不同类型产品之间或不同产品线之间的价格差异，这就是产品线定价策略。制定价格差异要考虑不同产品之间的成本差额、顾客对不同产品的评价和竞争对手的价格策略。如果一条产品线上两种产品的价格差异不大，顾客就会购买性能更好的产品，反之，如果价格差异太大，顾客就会倾向于购买性能较低的产品。

② 组合产品定价策略。汽车配件企业可将相关的配件产品组合在一起销售，制定一个比分别购买更低的价格，或对于既可单卖又可成套销售的配件产品，将成套的产品价格定低一些，进行一揽子销售。这样能够使原本只准备购买部分产品的顾客转而购买全套产品，从而扩大企业的销售量。

③ 互补产品定价策略。对于有互补关系的一组商品，对购买次数少、价值大的，或消费者对其价格较为敏感的商品可定价低一些，而对于与之配套使用的价值低、购买次数多的商品，价格可适当定高。即将主要产品的价格定低，将附带产品的价格定高，通过低价来促进主要产品的销售，以此带动附带产品的销售量。

单元 3 汽车配件的售后服务

 **单元要点**

1. 汽车配件销售的特征。
2. 分销渠道的类型。
3. 汽车配件的销售方式。

相关知识

一、售后服务的工作宗旨和方针的确立

由于企业都是期望通过"售后服务"工作来取悦客户，取信社会，因此，所有企业都无一例外地加强了它的"售后服务"宣传，并追求其宣传效果。

例如，中国东风汽车公司的售后服务工作正式起始于 1980 年，并当即由公司领导集团集体讨论确定了东风汽车公司的售后服务宗旨、方针和目标。

东风汽车公司提出的售后服务宗旨是：质量第一、信誉第一、用户第一（简称"三个第一"）。其售后服务工作方针是：热情、周到、方便、及时（简称"八字方针"）。售后服务工作的目标是："哪里有东风汽车，哪里就有东风汽车的售后服务"和"东风汽车公司对东风汽车从用户开始使用到报废，负责到底"。

日本各大汽车公司共同提出"用户是上帝"的口号。

日本丰田公司提出"车到山前必有路，有路就有丰田车"的口号。美国福特汽车公司提出"质量第一"的口号。

德国奔驰公司提出"用户至上"的口号。

美国康明斯公司提出公司售后服务工作永恒的主题：让用户以最低的成本享受到最佳的服务；让经销代理得到最多的取得效益的机会；让康明斯公司得到最稳定的市场。

尽管提法、说法不一，却都可以清楚地看到各企业都把用户放到了第一位，占有了用户就占有了市场，而产品质量是公司占领市场的根本和基础。

因此，法国雷诺公司提出："售后服务"是雷诺公司"开发市场、占有市场、保住市场、保住用户的最得力的工具和武器"。

二、售后服务工作的内容

1. 组织售后服务网络

汽车是大生产的产品，动辄以日产千辆计，很难设想靠汽车生产厂自身的力量，能够圆满完成"售后服务"的诸多工作内容。通常的做法是在社会上组织一个十分庞大的服务网

络，这个网络代表生产厂家完成为用户的全部技术服务工作。

国外汽车生产企业的售后服务网络是和汽车经销网络结合在一起的，既经销汽车，又提供技术服务。通常由三个层次组成：汽车分配商、汽车代理商、汽车维修点。其中，汽车分配商往往是国际性的，同时兼营多国、多企业的产品，并进行汽车产品的批发和改装。

其中，代理商往往是专一销售哪个厂家或哪类产品的代理，具有专业性和排他性。

维修点，是分配商和代理商专门建立或委托建立的，处于车辆聚集区或处于高速路边的小维修专点。欧洲各汽车厂往往在自己国家就分布 4 000 ~ 6 000 个维修点。

通常汽车生产厂的地区经理部在自己辖区统管着 20 ~ 40 个分配商，而每一个分配商将管辖 20 个左右代理商，每个代理商将直接联络 400 个左右的直接用户。

汽车生产厂家十分关注售后服务网络的成败，它不会轻易就丢失一个代理商，或听任一个代理商的倒闭，因为失去一个代理商，将意味着失去 400 个用户。

在"售后服务"的工作范畴内，有这样一条不成文的工作经验，即在受理用户的"售后服务"要求时，汽车制造厂本身永远不要把自己推到第一线直接面对用户。固然这是一种工作技巧，但考虑到汽车产品的大量化、大众化，只有靠建立覆盖面最广大、服务功能最强、最完善的网络，才可能花小的精力，而且最快捷地满足用户的要求，圆满地实现服务。同时，考虑到用户的复杂性、真实性和合理性，往往处于"第三者"立场上的"售后服务"网点能够秉公和作出容易为用户接受的"调解"。

2. 提供充足的汽车配件供应

由于中国企业生产工艺水平和配套零件（电器、轴承、橡胶等零件）的技术水平不高，因而汽车配件供应显得格外重要。而且几十年来，国家早已制定了汽车配件的"低价值"原则，以及汽车不以经济寿命为使用期，而以能否"修理"作为寿命考核的原则，过于强调和追求"社会效益"目标，使企业敞开了大门，把企业的图纸、技术资料几乎拱手送给了全社会和用于"扶贫"，企业则几乎不能在配件上得到什么效益。国外汽车厂家十分重视配件的供应，它除了能最大限度地满足用户的需要，从而解除其后顾之忧外，配件供应是汽车企业取得效益的最主要来源。例如，国外大汽车厂家利润的 1/4 ~ 1/3 来自于配件经营，日本日柴公司的整体利润，配件最高曾达到 3/4 的份额，因而，每一个国际型的汽车企业把它们的配件工作均置于十分重要的位置。而中国几个最大的汽车企业，其配件经营额目前仅为企业经营额的 1/35 ~ 1/30。

但是，中国汽车界人士已经认识到了这个问题，并提出配件供应是"售后服务"工作的"脊梁骨"，这表明它的重要性正在被企业界所认识和接受。

（1）汽车配件供应必须考虑的几个条件

① 图纸、技术。从法律的角度看，"图纸"、"技术"属于工业产权和知识产权的范畴。国际型企业十分注重对它的控制，因为知识产权、工业产权最终体现的是本企业的效益。从售后服务的角度出发，备件有两个作用，一方面，备件是汽车赖以维持运转的"粮草"，汽车要行驶（车轮要转动），汽车除了消耗燃料之外，还有易损件和消耗件的更换，以及汽车零部件的正常磨损，到达极限后的零件更换，以维持汽车良好的技术性能。另一方面，汽车生产企业要以备件的让利供应的形式，支持自己售后服务网络开展备品经营，以取得效益，维持服务站（企业）的运转。

② 实行备件的专控。唯有实行备件的专控，才能保证备品的两个作用圆满实现。"专控"可以保证备品的"量"、"质"和"价"。

用"专控"约束量的发展，其实质是科学的布点和根据在用车的需求，安排生产能力和生产计划。发展生产能力，可以在生产企业内部培育，也可以在社会上择优选取有生产基础、有投入实力或原来已具备某些零件大生产传统的企业配套定点，但首先要取得在法律公证下的技术转让及零部件厂家对计划生产、统一销售的承诺。

"质"的"专控"就是质量的控制，严格实行采购件的质量鉴定（通常称货源鉴定），鉴定通不过，不发给生产许可证，也不发给采购订单。

对"价格"的"专控"，只能建立在上述"专控"的基础之上，或是"量"、"质"专控的必然结果。国内外对零部件供应商（零部件生产企业）的供货都采取价格的双轨制，因为从零部件用途来区分，一是主机的装机零件，一是主机的配件，通常配件价格都高于装机零件。因为配件的包装、防锈要求更高。国际汽车公司常以配件占领市场，以配件巩固市场，在市场开拓期，备件常被作为牺牲品，而在市场巩固后，则收回效益。零配件厂家没有理由不服从于主机开拓市场、巩固市场的大局，主机厂家也没有理由不兼顾零部件厂家的效益。

中国国家政策一直采取扶植零部件大生产、专业化生产的政策，政府有关部门每年都曾拨出大批资金扶植零部件业的发展。20 世纪 90 年代中期，中国政府甚至公开公告世界各国大汽车生产企业，除零部件生产外，在 21 世纪将严格审批汽车整车生产项目。说明中国政府已经意识到，零部件工业的薄弱已成为制约中国汽车工业发展的主要环节。在国家的这一大政策之下，所有的汽车生产企业和零部件生产企业必须携手，把"备件供应"纳入"专控"的轨道上来。

③ 备件需求的科学预测。一辆汽车由几千种、上万个零件组合装配而成，汽车在使用中，都会发生备件需求。

每一类零件的消耗量（供应量）的测算，从两个方面进行：一方面是考虑每一地区在用车数、汽车行驶平均里程、本地区使用特点（本地区零件的特殊消耗），对比较多地区的资料的综合取平均数，可以得出某种车型的某种零件 100 辆车的年消耗量，按此量和全社会该车型的在用车数安排年生产量计划。需要考虑的另一方面是，备件部门的某种零件的实际供应量。大量积累每年的该种零件的市场需求量，取每三年的值相加除以 3，得到年当量平均值，取所有当量平均值的总平均值，即为比较准确的年预测需求。由于资料越积越多，资料反映了历年的不同需求，综合考虑后的预测将会比较准确。这种预测需要积累 10 年左右的资料。东风汽车公司曾对襄樊市第一汽车运输公司在用的近 400 辆东风 EQ1090 型汽车，从新车开始，连续统计了近 6 年的营运情况和 800 种主要零备件消耗情况，进行了东风 EQ1090 汽车主要零备件的消耗测算，这一测算结果又经全国主要行政大区的技术服务中心协助在各自本地区收集的实际消耗资料进行了补充，经过综合，编写了正式的备品消耗值。东风汽车公司将其作为备件年生产、经营计划的主要依据，售后服务网络各技术服务站也将其作为备件经营的主要依据。

④ 汽车企业的备件经营网络。中国国情决定了中国汽车用户的汽车保养维修不完全依靠生产企业的售后服务网络的特点。一般集体、国有企业（用户单位）都有自己的专业汽

车修理班组，并向社会采购备件，来维系自己的修理作业。例如统计表明，东风汽车公司售后服务网络控制着东风汽车备件市场供应量的40%。汽车生产企业必须继续面对这一现实，依靠服务网络和国营配件经销系统两个渠道把原厂备件和生产企业控制与择优定点的配件生产厂所提供的备件供应给用户，而不要把市场拱手让给假冒伪劣产品和非法生产的配件产品。

有的汽车生产企业强调"备件主渠道"理论，其出发点是希望中国传统的国有的备件营销系统，能走出单一的备件商店的窄小的业务范围，以国有企业强大的经济实力为后盾，走上依托大汽车生产企业汽车产品的维修、备件、技术服务的综合售后服务的方向，能与售后服务联合在一起，形成垄断市场的备件供应主渠道。

在汽车生产企业适应市场经济的发展，以多品种满足市场需求时，汽车企业原售后服务网络的经济实力明显不足，很难在备件经营上兼顾所有品种的汽车，因此依靠和利用好原国营备件营销系统为我所用就十分重要。在现代汽车市场上，面对同行业、同品种汽车的激烈竞争，谁能利用并发挥好备件供应渠道的备件供应功能，谁就必然能赢得用户的首肯，从而在赢得整车市场上占有优势。

（2）关于备件仓储能力的建设

备件中心是以备件贮运为主要任务，通常划分成区，每个区完成和具备以下功能：

① 接收、检查区。按合理物流布局，备件中心的第一区域为接收区。接收区将完成检查工作。检查将进行数量的清查和可检查件（无包装件）的外观尺寸抽查（按技术标准规定的比例）。一些国际型大企业，在实行备件专控后，对外部社会协作、配套件的进库进行严格的质量检查、验收和重新更换统一包装。协作、配套件的质检将按零件的重要程度，按标准分别进行抽验和100%检验。如前所述，专控的备件视同完全符合原厂质量标准和等同原厂所出，因此必然采用原厂标志和标准。因此，外协、配套件在检查后应全部拆除原包装（或废除原包装）。

② 仓储区。通俗地讲，仓储即为储存。储存区内往往按汽车不同车型、不同总成，不同用途或按周转速度来分区存放，以解决和合理安排"物流"及资金的周转。汽车制造企业以高位货架仓库来缓和占地位置的不足，而高位货架通常用高位铲车取货、放货，采用现代化的计算机进行管理，用计算机程序控制早进、早出，"小"、"高"，"大"、"低"等物流必须解决的问题。而国际上的大企业，早已普及采取高位、自动化仓库的方式。

③ 取货区。仓库的通道称为取货区，按需在这一区域布置自走小车（轨道或计算机导行）或铲车，或人力、小车取货，但取货指令都由计算机发出。

④ 防锈包装区。防锈处理通常指加工零部件表面的涂敷处理。按习惯可采取集中处理（国际型企业通常采取在仓储中心设防锈工段集中处理的方式）和分散处理（中国各汽车生产企业采取由专业生产厂或车间按技术标准分别防锈处理，再交出）的方式进行。但无论什么方式都必须安排在仓储之前，以防止配件在仓储期间锈蚀。包装，按性质可分为收货包装和发货包装。对本企业自己生产的零件的收货包装是进行最少数量的包装（如塑料、小纸盒、防锈纸包裹等）；对外协、配套产品的收货包装是更换标记，更换包装材料。发货包装是指仓库接发货指令并收集完全部货物后，用较大的包装箱集中包裹处理。包装有的采取完全自动化的方式进行，也有的采取半自动化（加以人工）的方式进行，还有的采取全人

工的方式（中国企业目前只有人工方式）。

国际汽车公司目前都有成熟的包装箱（盒）的尺寸系列标准，这个尺寸系列是以最有效利用集装箱空间为依据的（包括木箱、纸箱等）。包装中还必须考虑充填物（发泡塑料块、塑料海绵、布、垫等）。对海运件必须考虑用特种包装木箱，特种工艺（抽真空），可抽真空的全密封包装纸等，以防在漫长海运周期中的锈蚀。

由于汽车所有零件、总成的不同外形，因此包装过程——从小包装到大包装，从每一种零件到总成，从每种零件分散包装到多种零件集中在一起标准外包装（箱、盒），还必须考虑防磕碰保护性包装、集中性（绳、带）包装，还必须考虑生产标志（厂徽、厂标）、防伪标志、品种及数量标志等，近期更考虑以工艺装饰来处理包装外表面，以衬托企业文化和企业风格的高雅。

⑤ 发货区。备品发货有铁路运送、公路运送及水路运送等方式。仓储中心设立铁路站台的通常只有中国企业。国际上只有汽车运输站台，站台前台阶的高度为标准的汽车货箱高度，以有利于包装箱的垛堆（用铲车或小推车），国际上通常在站台上排列着半挂车厢，备件中心每天按合同发货装车，装好的车辆，用拖车拉走，周而复始。集装箱运输方式正在越来越多地被采用。在中国则用汽车散装方式发出较多。尽管铁路运输是中国汽车备件的主要运输方式，但由于铁路交通比较紧张繁忙，火车车厢计划比较困难，因此铁路运输量正在逐渐减少。

由于备件运输的困难，为保证售后服务网络、备件营销网络、用户的备件需求及时得到满足，中国汽车生产企业已开始在全国交通、通讯发达地区和本企业产品集中销售地区建立备件分库，各分库的仓储进、出受总库指挥，在辖区内向所属大用户、备件经销网和服务站按合同供货。

（3）汽车配件营销的现代化管理

由于备件品种极其复杂，近期汽车企业备件营销已全部采用计算机管理。管理覆盖范围包括计划、合同、采购、进货、出库、发票、结算、市场分析、用户管理，总库与分库全部联网管理，否则便无法处理诸多繁杂的业务。实现计算机管理同时必须具备的条件是具备现代化的通信（程控电话、传真机、电传机等）设施。

① 计划及采购的科学化。如前已详细谈过的市场需求分析，必须由车辆的技术性能、可靠性、耐久性和使用条件中得到，同时参考市场销售量的实际值，得出市场需求量。

计划及采购将冒商业风险。市场占有率是商业利润的唯一来源。对于汽车企业，夺取汽车产品（整车）的市场占有率和原厂备件的市场占有率是同样重要的，只是备件更为复杂。因为，为了要巩固整车市场占有率，必须保证备件供应，而汽车生产企业必然要在社会上择优扶植一大批备件生产企业，专门生产零部件，供应社会需求，汽车生产企业必须引导这些企业围绕并服务于汽车生产企业的整车市场，否则将分不出主次，引起喧宾夺主，反而会造成汽车生产企业原厂备件的市场在激烈的市场竞争面前扶植起了一个个竞争对手。

② 订货方式的规范化。中国汽车企业目前仅根据订货对象的不同，实行不同的价格政策。由于汽车配件明显的效益，社会各阶层、各行业、各系统或个体经营者近年都在设法和大企业或大企业的备件定点厂家建立供销联系，而且随着公关意识的普及，全社会经营备件的状况越演越烈。中国的汽车企业已经开始觉悟到备件供应的内涵，它已不仅是越多越好，

还要考虑保护售后服务网络取得效益的机会，考虑科学的供应量，考虑到打击假冒伪劣从而保护自己的工业产权、知识产权，考虑到如何对用户最方便。

因此，国际上采取每年1~2次公布公开的备件价格本，按价格本规定的期限执行规定的价格。同时，对不同地区、不同车型、不同的代理商，给予不同的折扣率。折扣率是绝密的商业机密。同时，按营业额的多少，还将增加折扣百分点，以鼓励销售。

订货通常实行正常储存订货和紧急订货两种方式。正常储存订货，按商定的供货价供货，供货周期为3个月。紧急订货按商定的供货价的2~3倍价格供货，但供货周期在国内通常为24小时，国际为48小时。

东风汽车公司已开始实行对所有直供单位执行一个统一的合同价的方针。但为体现对售后服务网络的支持，在合同价基础上实行定量以上销售额加大折扣率的政策，但每半年结算兑现一次，以鼓励售后服务网络的备件经营积极性。

汽车生产企业自身不直接经营备件，和汽车整车是大生产一样，汽车备件更是大批量生产的产品。汽车生产企业的任务是抓备件的经营管理及营销策略的分析研究和营销政策的制定，并理顺备件计划、订货、采购、接受、入库、质检、仓储、定价、合同、按订单发货、运送、交货诸环节的关系，提高效率，降低成本，促进周转，方便用户，服务于整车市场的巩固和开拓。国际汽车行业普遍认为，汽车企业努力扩大自己门市的备件经营，以求效益，是目光短浅的做法，是小效益。国际大型汽车企业自己本身不卖备件，而是努力扩大备件营销网络，让利给网络，以鼓励它们最大限度地扩大备件经营。当然，备件营销网络是与售后服务网络相结合的。国际发动机专业公司由于其产品必须与其他企业（汽车、工程机械、农用机械、发电机、船舶）配套，因此发动机专业公司建立的备件营销系统有一部分与配套企业的售后服务网络结合在一起。此外还单独建立一个单机产品与备件结合在一起的经销网络。

3. 质量保证（保修）

世界各大汽车公司，都承认积极做好产品质量保证工作的重要性。质量保证期又往往成为生产企业吸引用户购买产品的条件。

（1）诚心和忍耐

质量保证面对的是企业的产品质量缺陷，是自身的工作失误，因此，无论用户如何愤慨、怨恨，售后服务人员应始终用一种负疚的心情、还债的感情来面对用户的困难，同时售后服务人员还应满怀着信心，以便树立起用户用好汽车产品的信心。

（2）要点

① 准确。对用户反映的情况，必须核实准确，唯有"准确"，才能正确地提供修理服务。同时，唯有"准确"，才能反馈令人信服并且能在生产上立即改进的质量信息。② 快速。"快速"是缓和用户报怨的手段，各大汽车厂几乎都在快速上做文章。服务快速既可达到宣传效果，又是实实在在安定人心的措施。国际上的大汽车公司目前都保证在24小时之内，把质量保修零件送到用户手中。

法国雷诺公司向全世界公布了它的售后服务中心电话"3652424"。它的电话含义是，全年365天，每天24小时，全面受理、接受用户的售后服务要求。在全世界范围内用此电话号码都可以拨通雷诺公司售后服务总部的电话。法国雪铁龙公司也向全世界公布了它的售后服务中心电话"05052424"。这个电话的含义为"05"是国际免费的代号，"24"是24小时全天候受理和接受用户的售后服务要求。在全世界范围内用此电话号码可以拨通雪铁龙公司售后服务总部的电话。

20世纪80年代末期，中国东风汽车公司注意到了通信事业的飞速发展，它向全国售后服务网络提出全面装设直拨电话的要求，这一目标于1990年基本实现，东风公司即刻向全国东风汽车用户宣布：只要有用户要求，东风汽车公司售后服务队伍可以在48小时之内到达用户身边。

（3）宽厚

因为汽车制造厂的原因，产品留下的质量缺陷，用户承受了，通常把这称为"苦情"。"苦情"的实质是用户的损失，汽车企业有责任、有义务帮助用户把汽车产品的技术功能全面恢复，"宽厚"是企业的风度、责任感的表现，同时也是向用户坦诚致意的方式，以最大限度地缓和用户的抱怨，保持企业及产品的信誉。

4. 技术服务

售后服务本身属于技术服务的范畴。由于汽车产品的高度技术密集、高度知识密集，汽车产品的售后服务工作必然包含着对用户的技术指导、技术咨询、技术示范，同时包含汽车企业对自己售后服务网络的技术培训、技术示范、技术指导和技术咨询。通常的做法是，汽车企业的售后服务部门对售后服务网络，而售后服务网络对用户开展上述工作。同时，汽车制造企业还将负责产品的更改、新产品投放的技术要点的宣传等，凡是需要向社会、经销商、售后服务网络和用户宣传和交代的技术要点，全部由售后服务部门来完成。而售后服务网络有责任向用户提供维修技术服务和技术维护服务。当然维修和维护技术是由汽车制造企业提供的。

5. 企业形象建设

近年来国际上兴起了售后服务范畴的"企业形象建设"热。它包含着售后服务企业外观形象建设、公共关系、用户投诉受理及广告设计等工作内容。

售后服务企业外观形象建设已从仅仅悬挂汽车企业的厂徽、厂标，发展到厂容、厂貌的标准化、统一化，色彩、着装的标准化，厂房、厂区建设的规范化和设备的标准化。

鉴于汽车使用的复杂性，涉及诸多业务范围，如道路交通管理（国外为公路监理）、保险、税务、工商、银行等，售后服务网络必然在这些领域开展广泛的公共关系活动，以保护自己的经营活动。如法国政府规定，凡在法国公路上行驶的车辆，其车速里程表每三个月必须经过法律指定单位的核查。法国雷诺公司首先就争取到了这种许可，凡雷诺公司生产的车辆，其技术服务站的鉴定在法律上有效。这极大地方便了雷诺车辆的用户，同时无疑也提高了"雷诺"服务网络的社会地位。

中国东风汽车公司从20世纪80年代中期开始注意引导自己的服务站开展公共关系活动，学会处理周边关系和为自己创造一个良好的发展环境。进入90年代，又推进企业形象的标准化建设，引导售后服务网络理解企业形象在企业经营中的作用，这无疑对东风汽车公司售后服务迎接市场经济的挑战起到了推动作用。

思 考 题

一、判断题

1. 代理中间商专门介绍客户或与客户磋商交易合同，拥有商品的持有权。

2. 网络营销是利用网络资源展开营销活动，不能满足个性化需求。

3. 汽车配件的销售方式有专营店、混合店和超级市场。

4. 产品线是指具体的规格、型号、款式、质量的产品。

5. 品牌标志通常是一些符号、图案、颜色、字体等。

二、简答题

1. 汽车配件门市销售的柜组分工方式有哪些？

2. 企业在作促销组合策略决策时要考虑哪些因素？

3. 汽车配件的内包装及箱装衬垫材料有哪些种类？

4. 汽车配件产品定价目标是什么？

5. 请通过该学习任务讨论宏达汽配商店的改革措施。

学习任务6

汽车配件计算机管理

 **学习目标**

通过本学习情境的探讨，要求学生具备以下能力：
1. 叙述汽修汽配企业计算机管理配件的程序。
2. 知道数据和报表汇总的内容。
3. 根据计算机操作规范完成配件管理主要业务。

 **任务描述**

案例：小夏是即将毕业的汽车营销专业的大学生，他来到汽贸城的和众汽配经销店实习。面对商店每天繁忙的交易量，小夏庆幸自己在学校很认真地学习了汽车配件的计算机管理业务，老板也对小夏的工作很满意，打算在他实习期满后直接录用他为正式员工。现在汽配商店都实行了计算机配件管理系统，作为一名学生，应该熟悉计算机管理配件的程序，知道数据和报表汇总的内容，并能根据计算机操作规范完成配件管理业务。下面就来学习相关的内容。

单元1　汽车配件的计算机管理概述

 **单元要点**

1. 汽配企业计算机管理的发展。
2. 计算机管理系统的作用。
3. 计算机管理系统的基本功能。

 **相关知识**

汽车配件车型多，零部件种类繁杂，单靠手工作业管理难以达到科学、准确、快捷的目

的，将计算机管理系统应用于汽配企业，已成为必然趋势。

汽车配件管理系统是针对汽配企业产品的购销、配件的进出、账款的结算等业务而专门开发的，包括配件销售管理、配件采购管理、配件仓库管理、应收应付管理等。从事汽车维修的企业其业务中通常都包括配件管理业务，因此汽车维修管理系统也包含了汽车配件管理系统的功能。在实际运用中，大多数汽配企业也使用汽车维修管理系统，选取其中配件管理的相关功能。

一、汽配企业计算机管理的发展

在中国的汽配行业，使用计算机管理已经有 30 年以上的历史了。与国内的其他行业相比，可谓是先锋。

在那个时代，对很多人而言，计算机还是个陌生的东西。要想向人们讲清计算机和手持计算器的区别，都要费很多口舌。

当 20 世纪 90 年代初，在北京三里屯汽配一条街，家家户户的汽配商店就大都装上了计算机、打印销售单了，北京的银行网点、储蓄所和邮局都还没有计算机呢，更不要说其他商品的零售业了。

因为，汽配汽修的行业特点决定了它特别适合计算机管理。汽车零件的种类多，规格复杂，有很强的技术内容，只有使用计算机才易于记录。而且，在大多数情况下，每个汽车配件都有一个唯一的编号，也给使用计算机管理带来了方便条件。

况且，在 20 世纪的 80 年代，也是汽车配件经营和汽车维修的暴利年代，汽车配件的单件价值大、利润高，良好的效益也使汽配汽修企业有能力承担计算机管理的费用。

于是，首先是从广州，然后是北京，其次是上海，再其次是其他大城市，汽配汽修行业计算机管理的应用，如随风而落的种子一样，到处生根发芽成长起来。

当随着汽配汽修企业的平均利润率的正常回落，计算机的硬件价格也在迅速降低，使用计算机管理早已成必然之势。现在，计算机管理已成为一个汽修汽配企业管理水平的标志。

汽配汽修软件的开发模式，经历了从自行开发软件到通用软件，再到定制软件的几个年代。

1. 自主开发的软件

最开始，20 世纪 80 年代末，市面上没有商品化的软件可买，人们只好自行开发软件。在那个原始年代，汽修汽配企业的老板们就是系统设计师，常常亲自与不知从哪里请来的大学老师或学生一起挑灯夜战，讲解企业的运作模式，给编程者上课。这样编出的软件，往往都是亦步亦趋地符合某个个别汽修汽配企业的习惯，尽管这个企业的管理方法可能有种种弊端。

就这样，汽修汽配企业计算机管理迈出了第一步。但自行开发软件的模式很快显示了其不足之处：

① 技术水平低。因为这些系统由于是委托个人开发，受限于当时的计算机水平和个人力量的不足，投入小，造成软件的技术落后，软件功能简陋、安全性差。

② 通用性差。因为这些系统是仿照某一个企业的管理模式开发的，这种模式无法适用其他企业。有人会问：都是汽配或汽修企业，管理上有什么不一样的？此言差矣。看上去经

营车型相差不多的汽配汽修企业，国营、外企或民营的性质不同，历史、习惯、观念和规模不同，企业的运作模式就差异很大。自行开发的软件，如果像一棵树一样，简单从一个企业移植到另一个企业，其生命周期都很短暂，或者根本不能存活。

③ 没有可靠的服务。因为这种软件，往往是作为一个个人或单位的小型项目而开发的，项目完成后，人走茶凉，软件的维护就没有人管了。一般企业的办法，就是联系原来开发组的一个成员，私下支付一些报酬，以便继续维护软件，勉强使用它。这样做，代价又高又没有保证。

④ 软件的价格可能较高。如果一个软件只为一家客户开发，高额的开发费用就会由这一个客户承担，软件价格就会较高。除非这个软件是个粗制滥造的东西。

⑤ 企业付出的精力大。因为企业要付出大量精力，去指导不懂汽配汽修业务的软件工程师了解业务。这里面的劳动量之大，总是双方都在事先难于想象的。由于双方误解，造成工作的重复和浪费，不但让软件开发失败，还常常让朋友反目为仇。

正是由于以上原因，现在这种软件开发方法已经快绝迹了。偶尔还有个别汽修汽配企业的老板，受到一个艺高胆大的朋友的鼓动，决定花上几万元，委托这位可敬的朋友做一套软件。听到这种事，真有恍如隔世之感。这位老板的观念，太落伍了。

2. 通用型的管理软件

变革，来自那些曾为某个汽修汽配企业开发软件的众多计算机公司中的佼佼者。

很快，这些软件公司修改自己的产品，将它们又卖给其他类似企业，他们像蜜蜂到处采蜜一样，不断吸收了不同汽修汽配企业管理模式的优点，投入大量人力和资金，对软件完善和升级，慢慢地将自己的个性化的软件，改造成一套通用化的商品化软件，然后，他们大量地把这个通用的商品化软件应用在各式各样的汽配汽修企业。

现在，这种商品化的汽配汽修汽贸管理软件早已成为主流。商品化的软件的特点是什么呢？

① 通用性强。商品化的软件，就意味着这是一个标准化的可以满足许多不同企业管理要求的产品。这样，软件公司对客户的服务可以实现标准化，工作量大大减轻。

② 软件功能强。由于软件公司投入了大量资金和人力，致力一个软件的开发，不断吸收各个企业的合理建议，又融合其他类似软件的优点，软件功能就会变得十分丰富和强大。不但可以满足客户想到的要求，而且，可以满足那些客户需要但自己没有想到的要求：这就像软件公司常常宣传的：购买一套优秀的软件，实际上就是购买一套总结了众多优秀企业的管理思想的管理方案。

③ 软件的价格合理。虽然开发通用的汽配汽修汽贸管理软件的费用，常常以百万计，比自行开发软件高昂得多，但是，由于其应用客户众多，每套软件的价格就便宜合理了。

④ 可以享受长期的服务。开发汽配汽修汽贸管理软件的公司，因为要长期致力于这个项目的开发，所以特别重视售后服务和软件升级，因为他们指望，一个客户使用好了软件，可以给他介绍另一个客户。而且他们从售后服务中，也能得到大量的有利于改进产品的信息。

⑤ 客户节省精力。对于软件，采取拿来主义的方式就可以了。

但是，通用型的管理软件的确常常无法满足客户的特殊要求。削足适履，常常是他们的痛苦选择。于是，一些有实力的客户，要做出不同的选择了。

３. 委托专项开发的软件

随着经济的不断发展，某些汽修汽配企业规模越来越大，管理模式也越来越复杂和富有个性化，也就无法忍受通用型软件的限

这些实力派的客户，愿意拿出较大的投资，一般是几十万元到几百万元，委托有汽车行业相关经验的专业软件公司，开发其专用的管理软件。

这是一种进步，因为正是这些公司，认识到了软件的真正价值。他们真正把企业的信息管理系统放到了企业管理的核心地位。

这样开发软件，却不是对早期自主开发软件方式的简单回复。它的特点是：

① 投资较大，实施的工期也较长。

② 委托专业的有行业经验的软件公司开发。

③ 软件公司向客户提供业务流程重组的咨询，客户可以借助于软件公司丰富的行业经验和先进的管理理念。

④ 在仔细研究甲方需求后，双方以协议方式，约定对软件的要求，按工期完成。这样开发的软件能够最大程度上贴近客户的要求。

如果您的企业具有一定实力，管理上又有自己的特点，那么就应当考虑委托专项开发软件的模式。

市场竞争的结果，就是大鱼吃小鱼。结果大鱼越来越大，成为海洋中强壮的大鲸鱼。随着市场上大企业越来越多，愿意投资开发自己专用的管理系统的实力派的汽修汽配企业也将逐渐增多。

二、计算机管理系统的作用

① 计算机具有信息存储量大、信息处理准确的特点。汽车维修企业和汽配经营企业使用计算机管理系统之后，能充分地实现企业人、财、物和产、供、销的合理配置与资源共享；能加快库存周转，减少采购和运输费用；能减少由于物料短缺而引起的维修工期拖延，确保维修承诺期；能保证企业的财务数据反映实际的成本及企业状况。所以，实行计算机管理理是实现企业科学管理的有效手段。

② 计算机管理可以挖掘企业内部潜力。例如将计算机用于企业的库存管理，由于网络化的库存管理能够缩短进出货的周期并减少缺货的可能性，因此可以为按需库存提供准确的信息，减少因库存不当而造成的人力和财力浪费。

③ 实行计算机管理，各车型、故障、工种、技术熟练程度等都可以进行量化，使得在修理报价、竣工结算、工资分配、奖金提成等方面有据可依，既能充分调动员工的积极性，同时也为企业树立规范化管理的良好的形象。

三、计算机管理系统的基本功能

１. 接待报修

计算机自动报出各项修理费用，记录顾客及维修汽车的信息，确定车辆的维修历史，迅速预报出初步的修理项目和总价，自动记录各接待员的接修车辆。

2. 维修调度

生产调度中心诊断故障、确定具体的修理工艺及项目，安排工作给各个班组，且进行跟踪检验。在车辆进行修理过程中，计算机跟踪记录各班组具体的维修工艺及材料、设备的使用情况。

3. 竣工结算

在竣工结算时及时提供结算详细清单，提供与客户车辆有关的各项修理费用、材料领用情况，生成、记录并打印修理记录单，处理修理费用的支付。修理车辆出厂后，车辆修理记录转入历史记录，以备今后使用。跟踪车辆竣工后情况，提供车辆保养信息。

4. 配件管理

计算机系统能完成订货入库、出库及库存管理，对修理车辆领用材料进行跟踪，科学分析各种材料使用量，确定最佳订货量，确定配件管理部门的应收、应付账款，保存准确的零部件存货清单等功能。

5. 财务管理

能对生产经营账目方便灵活地查询、汇总，如提成工资、库存总占用；查询应收、应付账目，及时处理账款；生成当日的营业日报表等。

6. 生产经营管理

企业负责人和管理人员可以随时查询各部门工作情况，对企业内各个工作环节进行协调、检查和监控，查看经营状况；对于网络运行环境进行设置，确定各个部门和环节使用权限及密码，保证未经过授权的人员不能使用不属于其范围的功能；对修理、价格及工艺流程进行监控；对竣工车辆及时进行车源分析。

虽然，不同的企业有不同的主要业务流程。但是每一套系统都包含配件的订购业务、销售业务和库存业务。下文主要介绍这几方面的内容。

单元2　汽车配件订货管理

🚗 单元要点

1. 订货系统相关名词。
2. 订货系统操作说明。

 相关知识

当我们通过配件管理系统及配件目录系统生成订单后，我们就要向供应商订货，把正式的订单发给供应商。这就要用到配件订购系统。配件订购系统是与互联网技术相结合，供应商在网上建立的一个订购系统，实行实时订货。实时配件订购系统除了可以直接向供应商订购零件外，还可以实时查询供应商的库存数量，可以准确预测零件的到货日期。同时还可以查询零件替代状况、零件的价格以及订单的处理情况等。以下我们以丰田 TACT 系统的订货

功能为例来说明汽车配件订货系统的运用。

一、相关名词释义

① 丰田 TACT 系统：TACT 系统是丰田认定经销店的标准业务系统，是各经销店在日常零件业务工作中，遵循丰田 JIT 理念管理库存的科学解决途径，其中的零件功能是完全基于 TSM 标准设计开发的。

② B/O 零件：客户预定件，当没有库存或库存不足的时候所发生的替客户做的追加订货件。

③ S/O 零件：补充库存件。

④ F/O 零件：特别配给件，如服务推广活动而需存货的零件；配合新车销售而准备存货的零件；为特别修理情况而库存零件，如因质量问题召回车辆维修所需的零件。

⑤ 纯牌零件：经丰田汽车公司严格质量检验零件称为"丰田纯牌零件"。

二、订货系统操作说明

① 丰田订货系统主界面，如图 6-1。

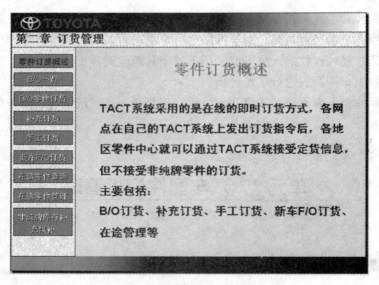

图 6-1 丰田订货系统主界面

② B/O 一览操作顺序：一览进入检索界面（图 6-2），输入查询条件，按检索，系统将弹出 2 张报表，纯牌和非纯牌的 B/O 零件一览表，见图（图 6-3）。

③ B/O 零件订货操作顺序：B/O 零件订货进入订货界面（图 6-4），系统会自动算出订货数，如有必要，订货员可根据需要调整订货数。然后点击订货确认按钮，即可发出订单。弹出的窗口显示 B/O 零件订货一览表，包含纯牌与非纯牌。见图 6-5。

④ 库存补充订货操作顺序：由库存补充订货进入订货计算界面，点击执行，系统自动计算出的需要补充的零件及数量，根据实际需求修改（图 6-6），点击订货确认，完成订货，弹出的窗口显示 S/O 零件订货一览表，只包含纯牌（图 6-7）：

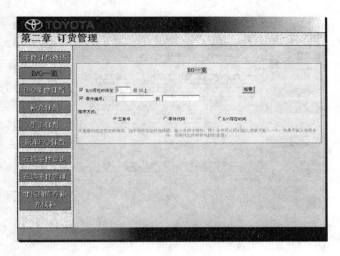

图 6 - 2

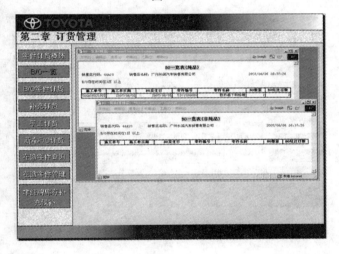

图 6 - 3

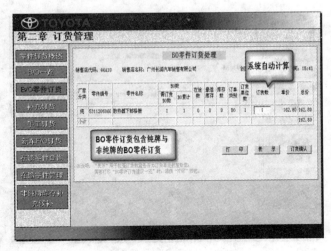

图 6 - 4

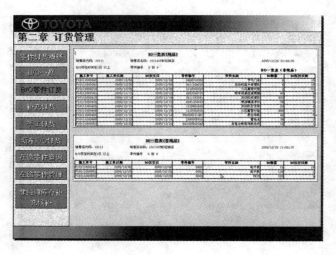

图 6－5

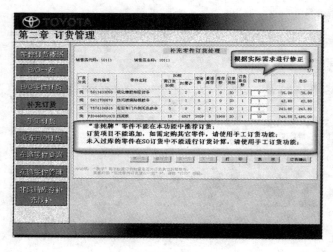

图 6－6

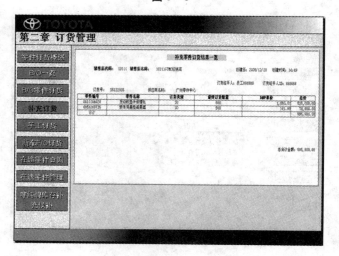

图 6－7

⑤ 手工订货操作顺序：手工订货（追加）进入订货界面，选择订单类别，点击追加订货，新增行数，然后输入零件编号及订货数，点击订货确认，完成订货（见图 6－8）。弹出的窗口显示手工订货一览表，只包含纯牌（图 6－9）。

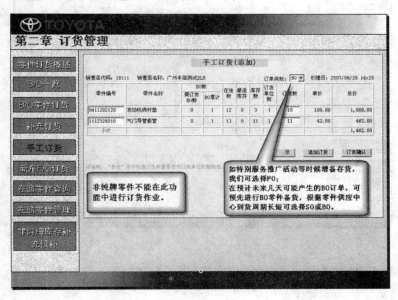

图 6－8

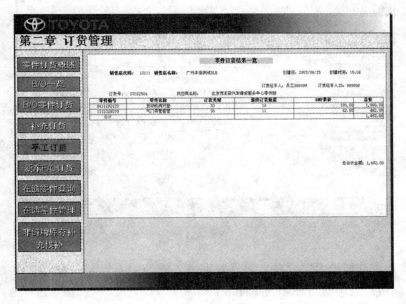

图 6－9

⑥ 新车 F/O 零件订货操作顺序：新车 F/O 零件订货进入界面，如果厂家已经上载了零件订货信息则会出现相应链接（图 6－10），点击链接后，出现订货确认界面，点击订货确认完成订货（图 6－11）。

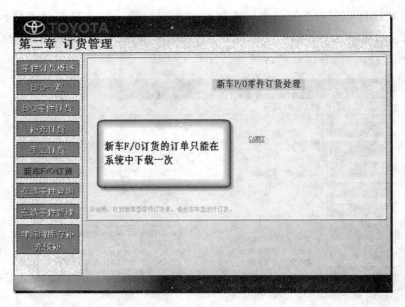

图 6－10

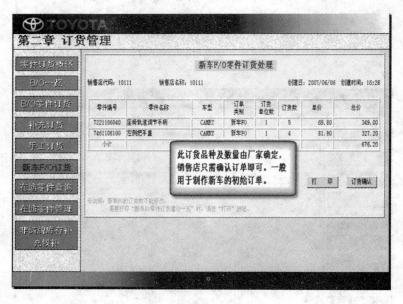

图 6－11

⑦ 在途零件查询操作顺序：在途零件查询进入查询输入界面，输入查询条件，按检索（图 6－12），即可查询出所有在途的零件信息（图 6－13）。

⑧ 在途零件删除操作顺序：在途零件管理进入操作界面，输入订单号或零件编号，按检索按钮将查询出在途零件信息（图 6－14）；在查询结果画面上可以选择删除某些已经过期的订单（图 6－15）。

⑨ 非纯牌库存补充候补操作顺序：非纯牌库存补充候补进入查询界面，设定条件后按表示按钮（图 6－16）；弹出的窗口显示非纯牌零件的库存补充候补清单（图 6－17）。

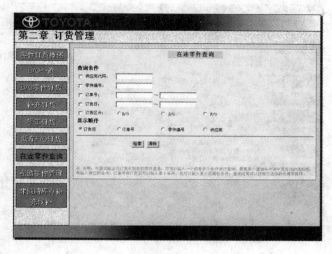

图 6 – 12

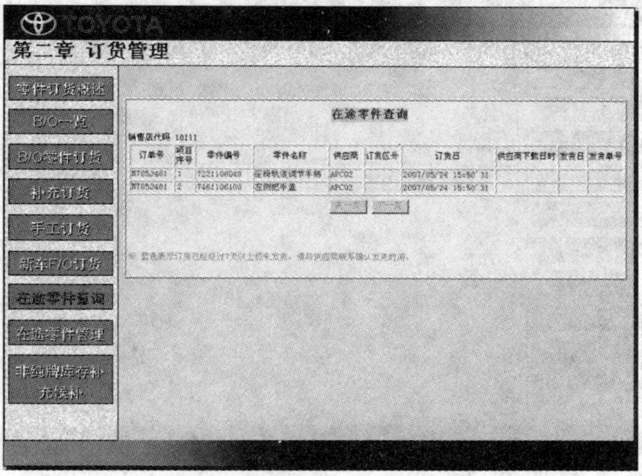

图 6 – 13

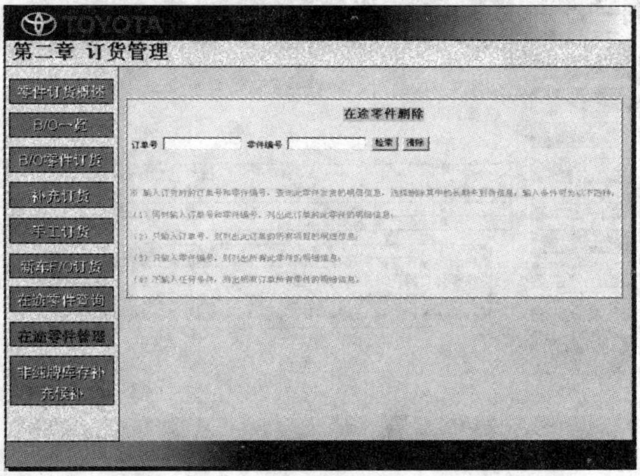

图 6 – 14

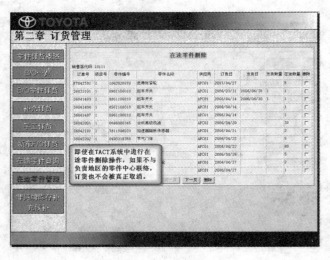

图 6 – 15

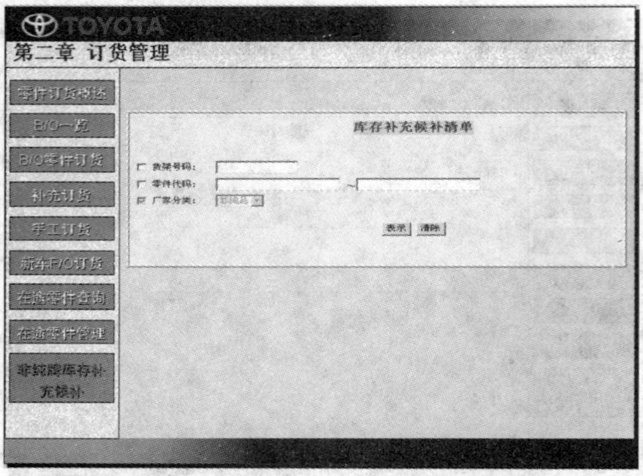

图 6 – 16

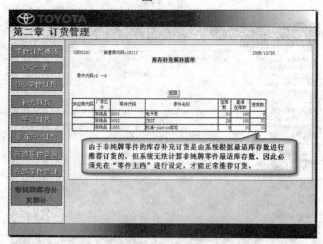

图 6 – 17

单元 3　汽车配件销售管理

 **单元要点**

1. 配件编码维护。
2. 汽车配件销售。
3. 配件销售报表。

相关知识

　　配件销售管理主要实现配件的入库、销售、出库及退货，是库房保管员主要的业务操作部分。下面以易拓汽配软件为例来说明汽车配件销售功能的运用。

一、配件编码维护

　　配件编码维护是配件管理的核心部分，设计高效、合理、清晰的配件编码维护至关重要。使用计算机管理时，一般都希望让每个零件有一个唯一性的、好学易记的零件编号。这个看似简单的工作，对于很多企业而言，却很难很难。

　　1. 使用原厂编号的情况

　　在一般情况下，我们可以使用原厂编号，这一般适用于修理车型比较单一的特约服务站。

　　很多修理国产货车的企业，还不习惯使用原厂编号，而愿意使用"车型 + 零件名称"的方式标识一个零件。这样的企业，必须从现在起给每个零件编写编号。

　　很多材料，如汽车精品，也没有原厂编号，那么，我们自己也要给它们编号。

　　大部分的企业，会同时保存正厂和副厂的配件，那么，我们就要通过原厂编号的变形，给副厂零件也进行编号。比如：如果一个零件的原厂编号为"5374 – 7363"，其副厂件的编号可以是"5374 – 7363 – F"。

　　2. 使用企业自编号的情况

　　有的企业经营的车型太多，汽车配件的种类就会特别多，各种车型的原厂编号的规则很难让人都记住，在这种情况下，企业往往愿意自己编写零件编号。当然，这个零件编号有时是保密的，只是供企业内部使用，对外，我们仍使用原厂编号。

　　企业自己编写的零件编号的规则是什么呢?

　　有些企业直接使用零件的货位号作为零件编号，不很妥当。因为零件存放的货位，经常需要调整。而我们希望零件编号应当是稳定的，与其存放的位置无关。

　　有些企业直接使用零件的账页号作为零件编号，也值得商榷。因为有些企业的零件账页号，更多地反映的是其账页顺序，而不是零件种类。而每年账本的账页顺序可能是要调整的。

有的企业干脆使用大流水号作为零件编号，这看起来就有点率性而为了。

我们建议的零件编号规则是：

车型代码＋零件大分类号＋零件小分类号＋流水号＋产地代码

这样编号的特别优越之处是：编号的各位编码中，左侧的几位记忆很容易。而只要记住左侧几位，在计算机中查找零件，就十分容易。

3. 尽量不要一品多号

有的企业将不同的商品使用一个零件编号，比如，同一种零件的正厂件和副厂件的零件编号设为一样，这可不是一种好的做法。

当你使用移动平均法记账时，正厂件和副厂件的价格差别很大，它们如果被当成同一种零件，在它们之间的价格就会进行加权平均计算，这实际上是很不合理的。

如果使用先进先出或高价先出等成本计算方法时，同样会造成无法区分您销售的零件是正厂件还是副厂件，销售成本就会混乱。

如果使用个别计价法，销售的成本倒不会发生混乱，但在统计分析时，却很难区别统计正厂件和副厂件的销售进货情况。

所以，使用计算机管理，规定零件的一品一号，是个重要要求。

但这个看似自然的要求，对很多企业却是天大的难题。因为企业的零件编号，往往是已经使用了多少年了，员工都已经习惯得倒背如流，你让他清除原来的记忆，灌入新的数据，可不像计算机那么简单。

另一个难题是，在汽修汽配企业，我们经常要使用一些从没有进过货的新零件，原来这个零件没有编号，那么，就要求库管员临时给这个零件编一个编号。如果我们没有一套合理的让库管员熟悉的编号规则，一品一号就可能实现不了，而且，许多神奇怪异的零件编号就会出现，我们永远不会通过编号知道这个零件的基本情况了。

4. 易拓软件配件编码维护

配件编码维护分为一级分类、二级分类、三级分类。如图6－18所示。

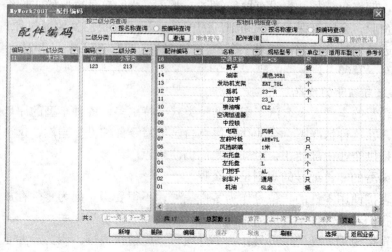

图6－18

① 一级分类可以表示配件所属的物资大类，例如：一级分类56为一般汽车配件，17为油料。

② 二级分类可以表示配件所属车型，例如：一级分类下属56一般汽车配件中包含若干种汽车品牌，可以将每一种品牌设计成一种分类。

③ 三级分类记录每一种分类具体的配件信息。

操作过程：

a. 新增一级分类，鼠标单击一级分类（在一级分类周围有蓝色边框），单击【新增】按钮，弹出新增一级分类窗体，在窗体中填写一级分类编码、一级分类名称后保存关闭。

b. 新增二级分类，在一级分类中选择要增加的二级分类属于哪个一级分类后，鼠标单击二级分类（在二级分类周围有蓝色边框），单击【新增】按钮，弹出新增二级分类窗体，在窗体中填写二级分类编码、二级分类名称后保存关闭。

c. 新增三级分类，在二级分类中选择要增加的三级分类属于哪个二级分类后，鼠标单击三级分类（在三级分类周围有蓝色边框），单击【新增】按钮，弹出新增三级分类窗体，在窗体中填写三级配件编码、名称、规格型号、适用车型、单位、参考价格、一级售价、二级售价、三级售价后保存关闭。

二、汽车配件销售

1. 直接入库

功能简介：直接入库将物料按照供应商进行入库处理。增加库存中物料的数量。包括：供应商、参考仓库、入库方式、制单人、制单日期、入库日期、物料名称、单位、进库价、一级单价、二级单价、三级单价等信息。如图6-19所示。

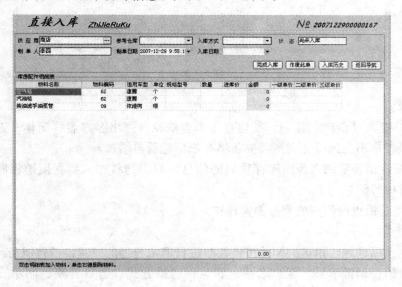

图6-19

操作提示：

① 单击导航条【新建】按钮，新建一张直接入库单，弹出供应商窗体。选择配件入库

的供应商名称。选择参考仓库信息即配件存放的位置。

② 双击明细表信息弹出配件维护信息，选择维护的配件加入到直接入库明细中。加入后填写入库配件的"数量"、"进库价"、"一级单价"、"二级单价"、"三级单价"等信息。

③ 单击【完成入库】按钮。即可完成直接入库的操作。库存配件的数量增加。【作废此单】按钮功能对已经新建完成的直接入库单进行作废处理。状态内容变成"此单作废"。【入库历史】按钮功能对已经完成入库的配件进行直接入库查询。

2. 直接销售

功能简介：配件直接销售是库房有销售配件职能的企业使用的，通过直接销售将库存中的配件销售给客户。库存配件数量减少，包括：客户名称、客户类别、状态、客户地址、销售日期、付款方式、物料名称、物料编码、适用车型、当前库存数量、销售数量、进库价、销售价等信息。如图 6-20 所示。

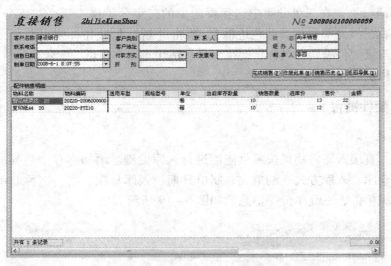

图 6-20

操作提示：

① 单击导航条【新建】按钮，新建直接销售信息，弹出客户名称窗体，选择销售客户的名称，如果客户不在选择之列则需要新增客户信息后再增加。

② 双击配件销售明细，弹出库存物料的信息。双击物料加入到直接销售明细中并填写销售数量、售价等信息。

③ 单击完成销售按钮完成直接销售操作。

3. 销售退货

功能简介：顾客对已销售的配件按销售单进行退货处理的过程，销售退货使库存物料的数量增加。包括：销售单号、客户名称、状态、退款方式、退货日期、制单日期、物料名称、适用车型、单位、可退货数量、退货数量、销售价等信息。如图 6-21 所示。

操作提示：

① 单击导航条【新建】按钮，新建销售退货单，弹出所有销售单信息（只显示满足退货条件的销售单信息）。选择要退货的销售单，选定后，此销售单所销售的物料信息将自动

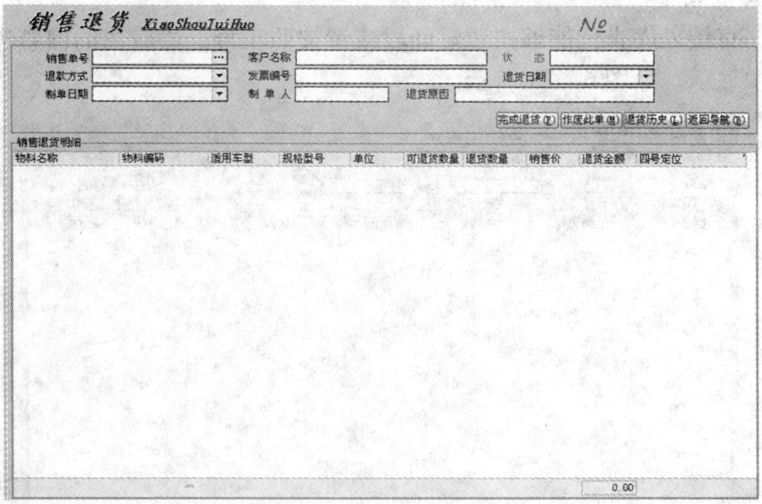

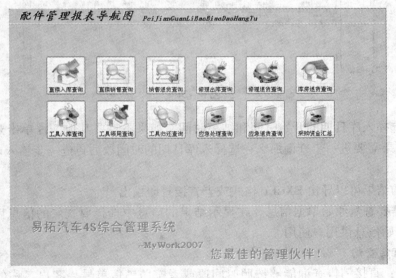

图 6 – 21

的加入到销售退货中。

　　② 填写退款方式、发票编号、退货日期等信息，同时填写明细表中退货数量（退货数量必须小于可退货数量）。

　　③ 单击完成退货按钮，完成销售退货。销售退货使库存数量增加。

三、配件销售报表

　　配件报表是配件管理业务的延伸，配件报表能够显示配件业务的历史。每一个配件管理业务都对应一个报表查询。如图 6 – 22 所示。下面针对配件销售管理说明配件报表的功能。

图 6 – 22

1. 直接入库查询

功能简介：直接入库查询能够按照时间段或者按照工号、供应商的信息进行查询，查询的结果在界面中显示。如图 6－23 所示。

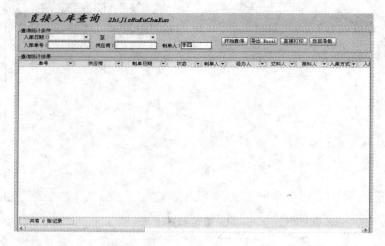

图 6－23

操作提示：如图 6－24 所示。

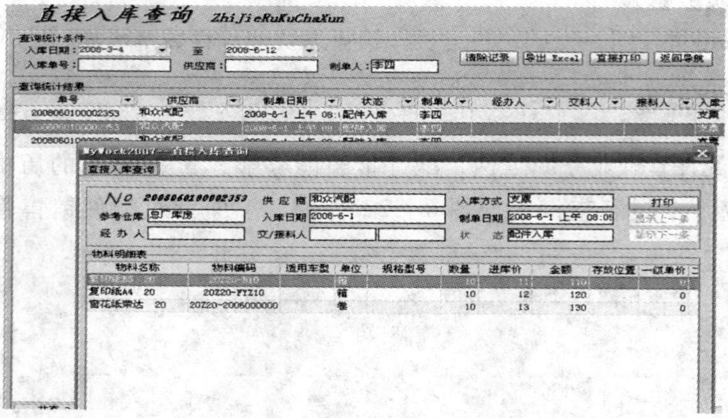

图 6－24

① 首先选择入库日期的开始时间和结束时间，如果不需要其他条件单击开始查询按钮进行查询。如果需要进一步查询那么在选择入库日期的时间段后再进一步输入入库单号或者供应商名称。

② 查询的结果可以导出 EXCEL 格式或者直接打印输出。

③ 如果需要查看原始单据信息，在显示结果的信息中选择要查看的信息后双击将弹出直接入库的原始信息供用户使用。

2. 直接销售查询

功能简介：直接销售查询能够按照时间段或者按照销售单号、客户名称的信息进行查询，查询的结果在界面中显示。如图 6－25 所示。

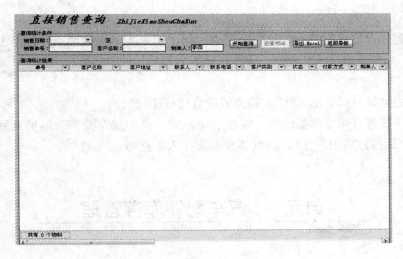

图 6-25

操作提示：

① 首先选择销售日期的开始时间和结束时间，如果不需要其他条件单击开始查询按钮进行查询。如果需要进一步查询那么在选择销售日期的时间段后再进一步输入销售单号或者客户名称。

② 查询的结果可以导出 EXCEL 格式或者直接打印输出。

③ 如果需要查看原始单据信息，在显示结果的信息中选择要查看的信息后双击将弹出直接销售的原始信息供用户使用。（功能详见直接入库查询）

3. 销售退货查询

功能简介：销售退货查询能够按照时间段或者按照销售单号、客户名称的信息进行查询，查询的结果在界面中显示。如图 6-26 所示。

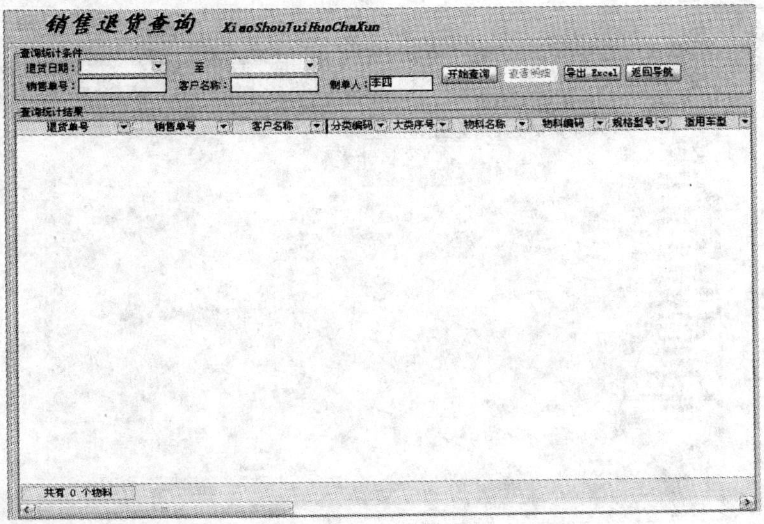

图 6-26

操作提示：

① 首先选择退货日期的开始时间和结束时间，如果不需要其他条件，单击开始查询按钮进行查询。如果需要进一步查询，那么在选择出库日期的时间段后再进一步输入销售单号或者客户名称。

② 查询的结果可以导出 EXCEL 格式或者直接打印输出。

③ 如果需要查看原始单据信息，在显示结果的信息中选择要查看的信息后双击将弹出销售退货的原始信息供用户使用。（功能详见直接入库查询）

单元 4 汽车配件库存管理

单元要点

1. 系统概述。
2. 汽车配件目录的内容。
3. 汽车配件的编号规则。

相关知识

一、系统概述

库存管理是配件管理的重要组成部分，它主要包括：库存查询、库存修改、库存调拨、库存盘点、货品损耗登记、货品损耗登记处理、库存物资大类统计、库存物资中类统计等功能。如图 6 – 27 所示。

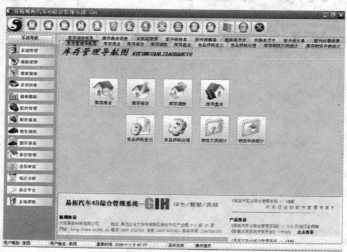

图 6 – 27

二、库存管理功能

1. 库存清点

用户可以按照物料编码、车型、供应商、物料名称进行查询，列出库存中数量大于零的所有物料信息。此物料信息不能够修改。如图6-28所示。

用户按照查询条件输入查询信息后单击"开始查询"列出所查物料。

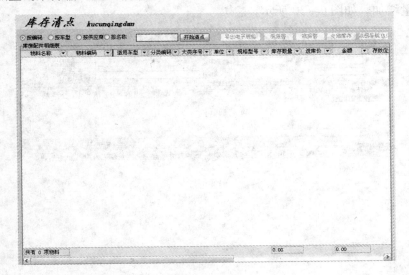

图6-28

2. 库存修改

按照物料名称或编码进行物料查询，可以将查到的物料信息进行修改。如图6-29所示。

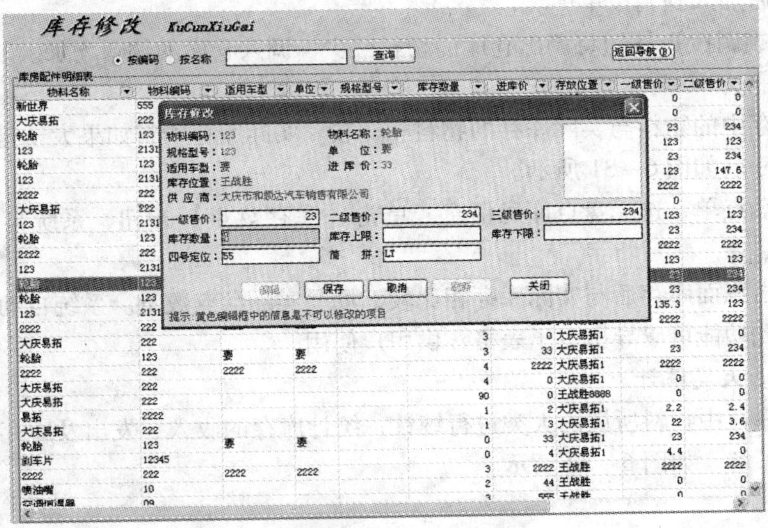

图6-29

用户在查询的结果中选择要修改的配件库存，双击后弹出库存修改信息窗体，能修改的信息部分为：一级售价、二级售价、三级售价、简拼、四号定位、库存上限、库存下限等信息，其他信息用户不能够修改。修改后单击【保存】按钮即可。库存信息修改的过程系统将自动记录到系统日志中。

3. **库存调拨**

将库存物料从甲库（调出仓库）调拨到乙库（调入仓库）的过程，甲库物料数量减少，乙库物料数量增加。如图 6 – 30 所示。

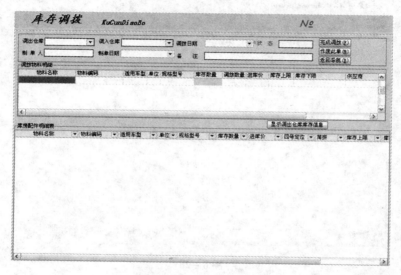

图 6 – 30

用户首先选择调出仓库名称，再选择调入仓库名称。

单击【显示调出仓库库存信息】按钮显示调出仓库中所有的库存数量大于零的所有物料信息，选择后加入到调拨单中。

单击【完成调拨】按钮将调出仓库的物料减少，调入仓库的物料增加。

4. **库存盘点**

定期将库存中的物料与实际库存的物料相比较。实际库存物料如果大于盘点的物料则盘盈，反之则盘亏。如图 6 – 31 所示。

新建库存盘点单，选择盘点库房信息。单击【库存盘点】按钮，系统自动将账面库存信息显示。

用户盘点出账面库存后与实际库存相比较，填写实际盘点数量。系统自动计算物料的盘盈盘亏情况。此功能可以导出电子表格，供用户使用。

5. **库存物资大类统计**

定期按照库存中物料所属的大类进行统计，统计库存的收入、发出及库存情况。便于对库存进行全面了解。如图 6 – 32 所示。

操作过程：

① 新建库存物资大类统计单，系统自动生成统计单编号。

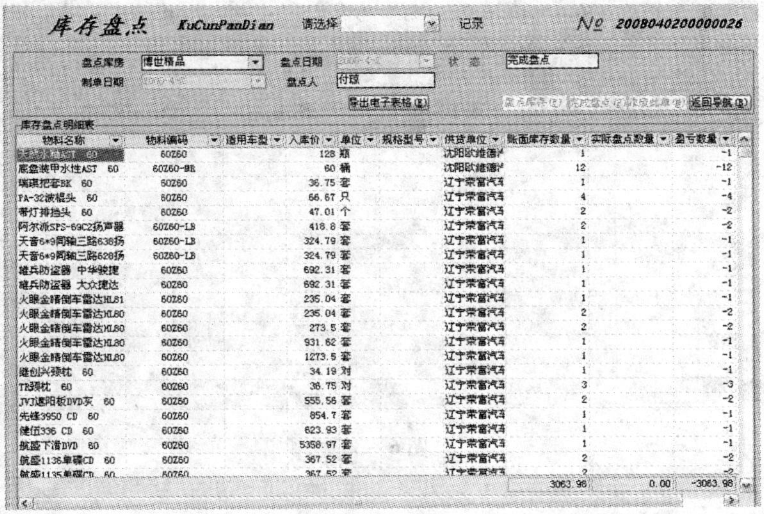

图 6-31

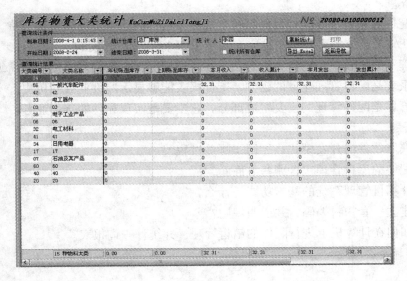

图 6-32

② 填写统计的开始时间和结束时间，选择需要统计的仓库信息。

③ 单击【开始统计】或【重新统计】按钮，系统自动统计。

6. 库存物资中类统计

定期按照库存中物料所属的中类进行统计，统计库存中此中类的收入、发出及库存情况。便于对库存进行全面了解。如图6-33所示。

操作过程：

① 新建库存物资中类统计单，系统自动生成统计单编号。

② 填写统计的开始时间和结束时间，选择需要统计的仓库信息和中类物料类别。

③ 单击【开始统计】或【重新统计】按钮，系统自动统计。

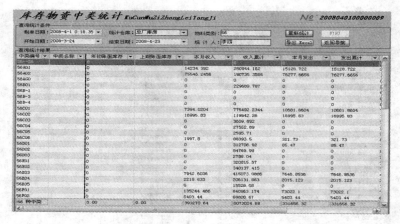

图 6 – 33

思 考 题

一、判断题

1. 通过配件管理系统及配件目录系统生成订单后，我们就要向供应商订货。
2. 丰田 TACT 系统的零件功能是完全基于 TSM 标准设计开发的。
3. 对修理车型比较单一的特约服务站，在一般情况下，我们可以使用原厂编号。
4. 配件报表是配件管理业务的延伸，配件报表能够显示配件业务的历史。
5. 库存管理是配件管理的重要组成部分，它主要是实现配件的查询业务。

二、简答题

1. 汽配汽修软件的开发模式，经历了哪些过程？
2. 汽车配件的库存管理包含哪些方面？
3. 汽配计算机管理系统的基本功能是什么？
4. 如何建立一套物料编码，并说明规则？
5. 说明如何在计算机上进行配件的销售管理，并统计查询报表。

参 考 文 献

［1］张毅. 汽车配件市场营销［M］. 北京：机械工业出版社，2007.

［2］易拓汽修汽配软件. 2007.

［3］宓亚光. 汽车配件经营与管理［M］. 北京：机械工业出版社，2009.

［4］林风. 汽车配件管理与营销［M］. 重庆：重庆大学出版社，2009.

［5］孙风英. 汽车及配件营销［M］. 北京：高等教育出版社，2005.

［6］水从芳. 汽车配件销售员［M］. 北京：中国劳动社会保障出版社，2007.

［7］彭朝晖. 汽车备件管理［M］. 北京：人民交通出版社，2009.